Manfred Kiesel



Anregungen für den

# KUNSTUNTERRICHT

ab Klasse

# 5/6

# Inhalt

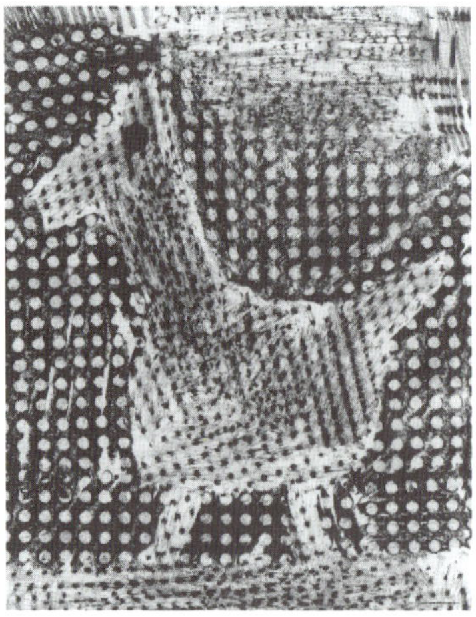

**Grafik**



**Farbe**

**Plastik**

**Design**



**Architektur / Plastik**



**Druckgrafik**

**Foto / Copy**

## Vorwort

Die Schülerinnen und Schüler müssen mit dem Beginn der fünften Klasse einen Übergang in eine andere Schulart wagen. Sie verlassen die Grundschule mit ihrer meist engen Bindung an eine Klassenlehrerin bzw. einen Klassenlehrer und mit grundschulspezifischen, eher ganzheitlich orientierten Arbeits- und Sichtweisen. Sie haben dort unterschiedliche Lernerfahrungen gemacht.

**Wie die Praxis zeigt, hatten viele Kinder in der Grundschule bis zu diesem Punkt keinen systematischen Kunstunterricht.**

Somit kann nicht bei allen Kindern die Fähigkeit mit Mal- und Zeichenmitteln umzugehen vorausgesetzt werden. Andere Kinder jedoch verfügen über viele technische Grundfertigkeiten und besitzen bereits die Fähigkeit, über Bilder zu sprechen und Ergebnisse kriterienorientiert zu beurteilen.

In den Klassen 5 und 6 als Orientierungsphase ist somit ein hohes Maß an Flexibilität und Sensibilität bei der Unterrichtsgestaltung notwendig, um einerseits grundlegende Arbeitsweisen und Techniken einzuführen und abzusichern, ohne Altbekanntes „aufzuwärmen", andererseits auf unterschiedliche Fähigkeiten und Interessen bei der Themenstellung reagieren zu können.
Mut machen, neue Perspektiven geben, Bemühungen schätzen, das Selbstvertrauen stärken und Schülerarbeiten ansprechend präsentieren. So müsste der Neuanfang in der Sekundarstufe I gelingen.

## Hinweise zum Gebrauch

Liebe Kolleginnen und Kollegen,

die nachfolgenden Unterrichtsanregungen können von Ihnen sowie Ihren Schülerinnen und Schülern auf unterschiedliche Weise genutzt werden:

Zum einen als Kurzanregungen für den „normalen Unterricht" im Klassenverband. Sie bekommen auf einer Seite Kurzinformationen über den Einsatz auch in anderen Klassenstufen, die Thematik/Aufgabenstellung und den Arbeitsbereich, die Materialien, die Arbeitsweise, die Arbeitsform (Einzel-, Partner- oder Gruppenarbeit) sowie den erforderlichen Zeitaufwand.

Es kann sich beim Zeitaufwand natürlich nur um ungefähre Richtwerte ausschließlich für die praktische Arbeit handeln. Nicht berücksichtigt sind eine Einführung, eine Bildbetrachtung oder Wahrnehmungsübung, eine eventuelle notwendige Zwischenbesprechung und die Schlussbesprechung mit Präsentation einiger oder aller Schülerarbeiten.

**Weiterhin können Sie die Arbeitsanregungen als zusätzliche Angebote, also zur differenzierenden Ergänzung Ihres Unterrichts nutzen.**

Differenzierungsangebote stellen auch hier den Anspruch, individuelle Interessen, Fähigkeiten und Fertigkeiten weiterzuentwickeln, Selbsterfahrungen zu ermöglichen, Selbsttätigkeit und bei manchen Aufgaben auch Kommunikation und Kooperation zu fördern. Bei Differenzierungsangeboten sollten Sie unter anderem die Bearbeitungszeiten beachten.

Außerdem können Sie viele Arbeitsanregungen als mögliche Bausteine für die sogenannte „Freiarbeit“ einsetzen.

Dabei sollten Sie beachten, dass Freiarbeit in ein erzieherisches wie auch unterrichtliches Gesamtkonzept eingebettet werden muss und nicht adhoc realisiert werden kann. Dennoch sollten Sie - wenn auch nur im Ansatz, stellenweise, in Ergänzung, zur Erprobung - Versuche wagen.

**Freiarbeit stößt in unserem Fach dann auf Grenzen,**

wenn es um Bildbetrachtungen, Wahrnehmungsübungen, Schlussbesprechungen geht, die nur gemeinsam durchführbar sind. Sie können jedoch jeweils einige „freiarbeitlich“ hergestellte Objekte im Klassenverband vorstellen lassen und eine Aussprache darüber anregen.

Der Abschnitt „Arbeitsweise“müsste dann gegebenenfalls Ihrer Klassensituation entsprechend umformuliert, ergänzt, erweitert, offener gestaltet oder noch weiter konkretisiert werden.

Wenn Sie einen Vorschlag als eine für alle verbindliche Aufgabenstellung nutzen wollen, sollten Sie überlegen, ob sich daraus nicht fächerverbindende, fachübergreifende Aspekte ergeben könnten. Oft genügen kleine Umorientierungen in der Motiv- oder Aufgabenstellung, um sinnvolle Verbindungen aufzuzeigen, Parallelen aufzuspüren und Vernetzungen anzubahnen.

Sammeln Sie alles und lassen Sie alles sammeln, was in unserem Fach Verwendung finden könnte. Fragen Sie dabei auch nach Restposten und Bruchstücken in Fachgeschäften und Heimwerkermärkten.

**Probieren Sie, wann immer möglich, eine Aufgabenstellung selbst praktisch aus!**

Das schafft mehr Handlungssicherheit, mehr Kompetenz, mehr Sensibilität. So können Sie Möglichkeiten, Schwierigkeiten und Grenzen in Ihrer ganz konkreten Klassensituation besser einschätzen und sich darauf einstellen. Bringen Sie ab und zu etwas Eigenes mit, das zeigt Ihren Schülerinnen und Schülern, dass Sie engagiert sind.

Die Anregungen sind nach Arbeitsbereichen gegliedert. Arbeitsbereiche sind: Grafik, Farbe, Druckgrafik, Plastik, Foto/Copy, Architektur und Design. Ab und zu ergeben sich Verbindungen zu anderen Arbeitsbereichen.

Ich wünsche Ihnen und Ihren Schülern anregendes Arbeiten, interessante Gespräche, und gute praktische Arbeiten, die von allen Beteiligten akzeptiert werden.

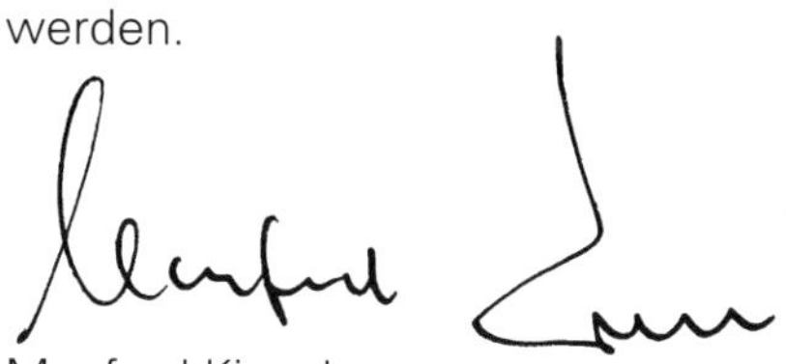

Manfred Kiesel

Für die Mitwirkung an der Zusammenstellung der Unterrichtsvorschläge und der praktischen Erprobung danke ich Herrn Walter Münkel (Lehrbeauftrager für das Fach Bildende Kunst am Staatlichen Seminar für schulpraktische Ausbildung in Bad Mergentheim, Pädagogischer Berater und Mitarbeiter in der Lehrerlernwerkstatt Bad Mergentheim).
Für die freundliche Unterstützung mit Bildmaterial danke ich dem Künstler Martin Schwarz (Winterthur/Bartenstein) sowie dem Neckar Verlag, Villingen-Schwenningen.

# GEFRÄSSIGE SCHLANGE

**Altersstufe**
Klasse 5 - 7

**Zielvorstellungen**
- Erfassen von Formen in einer Umrisszeichnung
- Kombinationen von Umrisszeichnungen

**Material/Werkzeug**
Radiergummi, Bleistift, schwarzer Filzstift, evtl. OH-Folien und -projektor, OH-Stift, weißes Schreibmaschinenpapier

**Arbeitsweise**
1. Als Einstieg Besprechung der Zeichnung und Textstelle aus „Der kleine Prinz" von Saint Exupéry: Rätselzeichnung „Hut oder Schlange, die einen Elefanten verschluckt haben könnte".

2. Zeichnen der Gegenstände, die sich in der Schlange befinden könnten.

3. Im Anschluss daran die Schlangenkontur darum zeichnen.

4. Um die Rätselzeichnung zu erhalten, werden die Konturen auf ein über die Schlange gelegtes weißes Blatt Papier übertragen oder am Fenster durchgezeichnet.
Zur Demonstration können einige ausgewählte Umrisse mit Hilfe einer Overheadfolie präsentiert und damit für alle veranschaulicht werden.

5. Besprechung ausgewählter Ergebnisse.

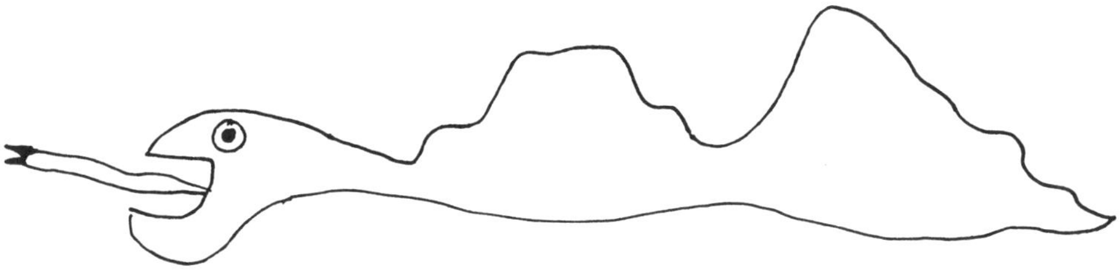

**Zeitaufwand**
Eine Unterrichtsstunde

**Variationen**
- Finden von eindeutigen und mehrdeutigen Umrissen (z.B. Korkenzieher, Teller)
- Umfahren von konkreten Gegenständen
- Umfahren von Gegenständen/Personen auf Abbildungen
- Finden von unterschiedlichen Ansichten eines Gegenstands

Aufgabenvariation für gute Zeichner:
- Gegenstände haben unterschiedliche Ansichten. Ein Ding dreht sich im Bauch der Schlange.

# LEUTE MIT TIEREN

**Altersstufe**
Klasse 5 -10

**Zielvorstellungen**
- Die Umrisslinie als grafisches Gestaltungsmittel
- Kombinierte Profilansichten

**Material/Werkzeug**
1. Schreibmaschinenpapier DIN A4 oder A5-Format.
2. Schwarzer Filzstift, Kugelschreiber oder Bleistift.
3. OHP/Folienstift oder Tafel/Kreide.

**Arbeitsweise**
1. Präsentation einer Arbeit Steinbergs oder einer eigenen Ein-Linien-Zeichnung.

2. Besprechen der Kombination Mensch-Tier-Verbindung. Entwickeln von Bildideen.

3. Umsetzen der Figur als Ein-Linien-Zeichnung.

4. Eventuell Schülerbeispiele zur Besprechung auf Folie übertragen lassen.

**Zeitaufwand**
Eine Unterrichtsstunde reicht für mehrere Arbeiten.

**Variationen**
- Tanzende Gestalten, Gespenstertanz, Reigen
- Tierparade
- Weitere Kombinationsmöglichkeiten wie Mensch und Gegenstand (Riese am Zwergentisch), Tier und Tier (Elefantenkuh - Elefant kombiniert mit Kuh) sind möglich.

# AKROBATEN UND ARTISTEN

**Altersstufe**
Klasse 5 -10

**Zielvorstellungen**

- Situationsgerechte Kombination von Umrissen
- Differenzierung der Formen (einfache Binnendifferenzierungen bei Figuren und Gegenständen)

**Material/Werkzeug**

1. Schreibmaschinenpapier (DIN A4-Format), Bleistift, Radiergummi
2. Schwarzer Filzstift.
3. OHP/Folienstift oder Tafel/Kreide.

**Zeitaufwand**
Mindestens eine Unterrichtsstunde.

*Alexander Calder, Artisten*

**Arbeitsweise**

1. Präsentation der Calder Arbeit als Folie mit dem OHP. Nach dem Besprechen des Bildinhalts und der Machart werden Motive im Artistenbereich erörtert und mögliche Darstellungsweisen (kombinierte Umrisszeichnungen, Einlinienzeichnung) demonstriert und erprobt.
2. Entwickeln und Darstellen eigener Ideen. Z. B. Darstellen einer Artistenszene mit mehreren Figuren und den entsprechenden Geräten als Umrisszeichnung.
3. Ausstellung bzw. Präsentation mit exemplarischen Besprechungen.

**Variationen**

- Einzelne Figuren können versuchsweise als eine Art Einlinienzeichnung aus Draht (Blumenbindedraht) oder Pfeifenputzer geformt werden. Komplexe Figurengebilde überfordern die Schüler zunächst..
- Alternativ hierzu können auch einzelne Figuren mit einem starken Wollfaden gelegt und auf ein Pappstück aufgeklebt werden.

# DURCHSICHTIG

Kl. 6

**Altersstufe**
Klasse 5 - 10

**Zielvorstellungen**
- Erproben einer Zeichentechnik: Durchzeichnen von Umrissen
- Formdurchdringungen durch vielfältige Überschneidungen

**Material/Werkzeug**
1. Schreibmaschinenpapier (DIN A4-Format).
2. Illustrierten- und Zeitungsbilder, Fotos.
2. Schwarzer Filzstift, Kugelschreiber oder Bleistift .
3. OHP/Folienstift oder Tafel/Kreide.

**Zeitaufwand**
Mindestens eine Unterrichtsstunde.

**Arbeitsweise**
Hier soll mit Hilfe von fotografischen und anderen Vorlagen die Linie als grafisches Gestaltungsmittel zur Darstellung von Umrissen eingesetzt werden. Durch vielfältige Überschneidungen soll es zu einer Formdurchdringung kommen.

1. Ausgangspunkt könnten Bilder aus Illustrierten oder Kochbüchern sein, bei denen zum Beispiel große Menschengruppen zusätzlich als verkleinerte Umrisszeichnung mit Nummern und Namenslisten abgedruckt werden. Dadurch kann man zeigen, wer wo steht. Ähnliche Anwendungen dieser Kombination von Bild und Umrisszeichnung gibt es auch bei manchen Kochbüchern.
2. Herstellen und Präsentation einer Umrisszeichnung von vorn oder im Profil.
3. Erörterung der Darstellungsweise und deren Aussagekraft. Welche Darstellungen sind aussagekräftiger?
4. Aufgabenstellung: „Durchsichtige Menschen". Die Technik des Durchzeichnens kann kurz demonstriert und erprobt werden. Am besten an einer Fensterscheibe des Klassenzimmers.
5. Auswählen und Durchzeichnen verschiedener Personen in unterschiedlichen Größen, dabei soll es zu vielfältigen Überschneidungen (Durchsichtigkeit) kommen. Noch freie Stellen der Umgebung können mit einfachen Strukturen (Striche, Kreise, Punkte) gefüllt werden.
6. Ausstellung bzw. Präsentation mit exemplarischen Besprechungen.

**Variationen**
Große Umrisse
Der Größe entsprechend sind großformatige Blätter, Tonpapiere oder Abschnitte einer Tapetenbahn oder einer breiten Makulaturpapierrolle erforderlich. Zum Zeichnen eignen sich Wachsmalstifte, Öl- oder Pastellkreiden.

- Umfahren des Kopfes in Partnerarbeit „Ausfüllen" des Kopfes mit vielen kleinen Umrissen.
- Aktionszeichnen in Partnerarbeit: Umfahren des eigenen Körpers bzw. einzelner Körperteile durch den Partner. Dabei werden jeweils unterschiedliche Hand-, Arm-, Kopf- und Beinpositionen eingenommen und umfahren. Es entstehen vielfältige, dynamisch wirkende Umrissfiguren.
- Es bietet sich auch eine weitere Nutzung der Arbeiten für spezielle Aufgabenstellungen im Bereich Farbe an.

# UMRISSE EINMAL ANDERS

**Altersstufe**
Klasse 5 - 10

**Zielvorstellungen**

- Umrisserfassung/Figur und Umgebung/Schraffurübung
  Umrisse entstehen meist durch konkretes oder gedachtes Umfahren von Gegenständen. Bei dieser Zeichenweise werden Umrisse sichtbar, indem man nicht sie zeichnet, sondern die Umgebung locker schraffiert.

**Material/Werkzeug**

1. Zeichenblock, Zeichenblatt DIN A 4 oder A5.
2. Weicher Bleistift und/oder Kugelschreiber.
3. Kleinere Gegenstände oder Körperteile mit markantem Umriss (Geodreieck, Flaschenöffner, Hand mit gespreizten Fingern, Schere, Klebstofftube usw.).

*Werbebeispiel: Maggiflasche*

**Arbeitsweise**

1. Lehrer- oder Schülerdemonstration: Gegenstand auflegen, mit einer Hand festhalten, mit der anderen Hand möglichst parallel oder auf andere Art schraffieren.
2. Nach und nach verschiedene Gegenstände auf das Blatt legen und die unmittelbare Umgebung schraffieren! Die Gegenstände können auf unterschiedliche Weise auf dem Blatt kombiniert werden.

**Zeitaufwand**
Mindestens eine Unterrichtsstunde.

**Variationen**

- Spritztechnik
  Aufgelegte Gegenstände oder Naturmaterialien werden mit Spritzsieb, Zahnbürste, Borstenpinsel und Flüssigfarbe sichtbar gemacht.
- Collagetechnik
  Die Umgebung einer markanten Umrisszeichnung (z. B. Joghurtbecher, Cola-Flasche) wird mit unterschiedlichen Bildteilen beklebt und damit die eigentliche Figur sichtbar gemacht (siehe. Bildbeispiel Maggi-Flasche).
- Ausschneidetechnik
  Auf ein Bild oder auf eine Bildseite (Zeitung, Illustrierte) wird eine markante Umrissfläche geklebt, die zuvor auf ein weißes oder farbiges Papier aufgezeichnet und ausgeschnitten wurde.

# GEFÜLLTE UMRISSE

**Altersstufe**
Klasse 5 - 8

**Zielvorstellungen**
- Symmetrische und asymmetrische Figuren und Umrisse
- Darstellung von Strukturen und Texturen:
  Hier soll zunächst die Linie als grafisches Gestaltungsmittel zur Darstellung von Umrissen eingesetzt werden. Ausgangspunkte sind Bildbeispiele (Gesichter im Profil, Menschen, Tiere, Pflanzen und prägnante Gegenstände). Die Flächen werden anschließend reich mit unterschiedlichen Strukturen gefüllt.

**Material/Werkzeug**
1. Schreibmaschinenpapier (DIN A 4-Format).
2. Eventuell Illustrierten- und Zeitungsbilder, Fotos.
3. Schwarzer Filzstift, Kugelschreiber oder Bleistift; alternativ auch Einführung in die Arbeit mit Tusche und Feder.

**Zeitaufwand**
Mindestens 60 Minuten, denn eine sorgfältige und ausdauernde Arbeitshaltung ist hier notwendig.

**Kopiervorlage**
siehe Anhang
Seite 81 - 83

**Arbeitsweise**
1. Herstellen einer oder mehrerer Umrisszeichnungen (am besten an einer Fensterscheibe des Klassenzimmers).
2. Symmetrische und asymmetrische Darstellungen unterscheiden. Eventuell unterschiedliche grafische Texturen oder Strukturen sammeln und zusammenstellen.
3. Eine oder mehrere Umrissfiguren sollen mit unterschiedlichen „Mustern" ausgestattet werden.
4. Es können je nach Situation einfache und komplizierte, ähnliche und gegensätzliche Muster gewählt werden. Dadurch entstehen kontrastreiche oder kontrastarme Figurengebilde.

**Variationen**
Symmetrische und asymmetrische Figuren lassen sich auch mit folgenden Techniken und Verfahren herstellen:
- Beidhändiges Zeichnen
  In der linken und rechten Hand wird ein Stift gehalten. Durch möglichst synchrone Bewegungen entstehen fast symmetrische Figuren bzw. Liniengefüge.
- Fantastische Umrisse und Figuren entstehen durch Vorstellungen, die bei geschlossenen Augen auf Papier gebracht werden.
- Symmetrische Figuren mit Zufallscharakter erhält man durch die Abklatschtechnik. Auf eine Seite eines halbierten Papiers wird schwarze Flüssigfarbe aufgetropft und dann angeklatscht.
- Individualisten können ihre eigenen Vorlagen abpausen oder durchzeichnen.

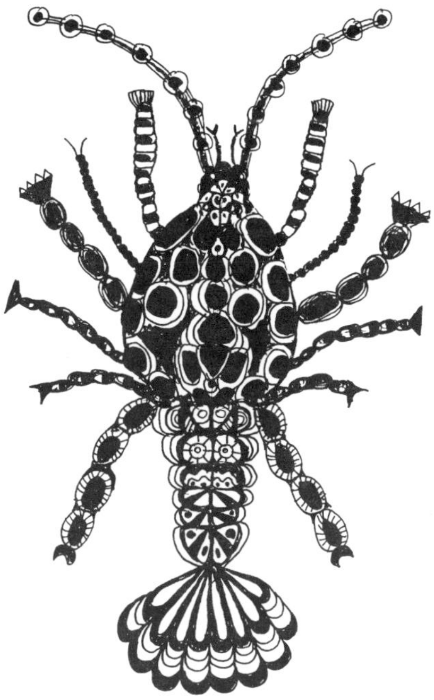

Kl. 6

# FROTTAGEN

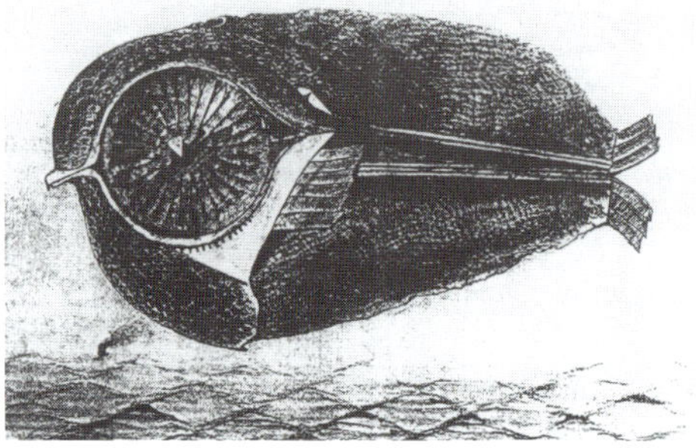

*Max Ernst, Ausbrecher*

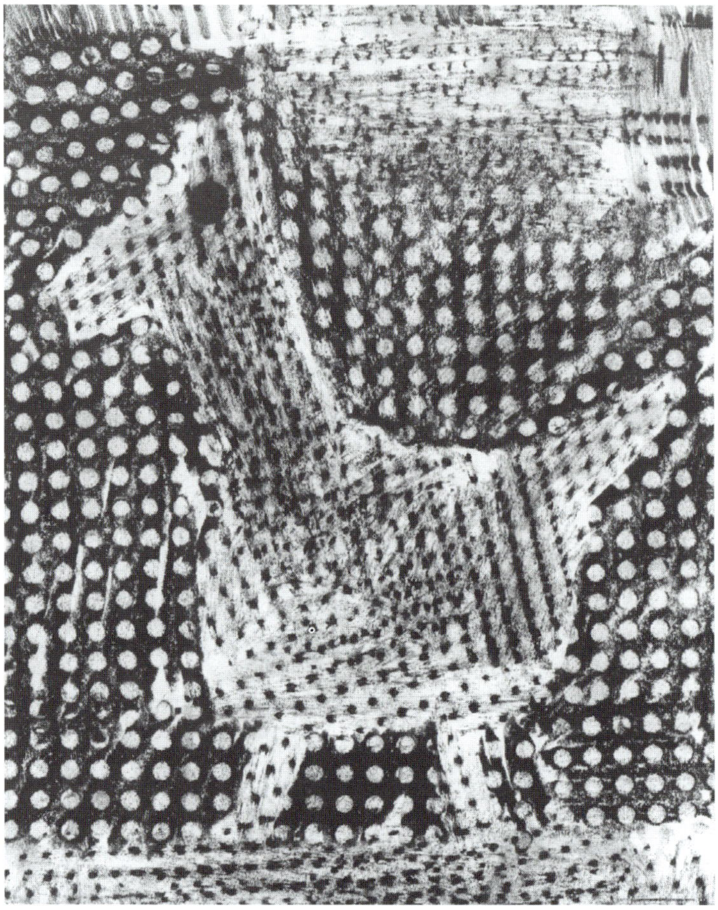

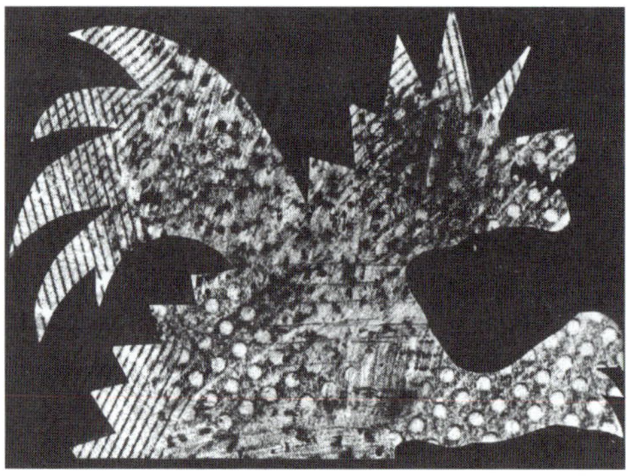

**Altersstufe**

Klasse 5 - 10

**Zielvorstellungen**

- Strukturierung von Flächen mit der Frottagetechnik
- Herstellen einer Figur oder eines Formgebildes
  Verbindung von Umrisslinien und flächenbildenden grafischen Elementen.
  Als Umrisszeichnung können Tiere, Pflanzen, Menschen oder Gegenstände sowie Kombinationen daraus gewählt werden.

**Material/Werkzeug**

1. DIN A3 bis A4 normales Zeichenblockpapier ca. 80 g/qm.
2. Wachsstifte, Ölkreiden, weicher Bleistift.
3. Unterschiedliche Gegenstände und Materialien zum Durchreiben (Geflechte, Holz, Tapetenreste, Schmirgelpapier, Münzen, Sieb, Putz usw.).
4. Schwarze Wasserfarbe oder verdünnte Dispersionsfarbe, Borstenpinsel. Für zusätzliche Arbeiten kann eine Kopiervorlage verwendet werden.

**Zeitaufwand**

Mindestens 45 Minuten.

**Kopiervorlage**

siehe Anhang Seite 84

**Arbeitsweise**

1. Anlegen einer oder mehrerer Umrisslinien mit einem einzelnen Objekt, einer Kombination mehrerer Objekte oder in Verbindung mit einer Umgebung/Landschaft.
2. Falls die Frottagetechnik (Durchreibetechnik) noch völlig unbekannt ist, sollte eine kurze technische Erprobungsphase vorangestellt werden.
3. Ausfüllen der Binnenflächen mittels unterschiedlicher durchgeriebener Oberflächenstrukturen. Auf einen sauberen Rand bzw. Abschluss muss nicht geachtet werden, da die nebenstehenden Flächen schwarz ausgemalt werden.
4. Ausmalen der „Restflächen" mit schwarzer Farbe.

**Variationen**

Neben selbst gezeichneten Umrissen können auch Arbeitsblätter hergestellt werden. Dazu wird eine der gezeichneten Figuren oder eine auf weißes Papier geklebte Figur aus Zeitung, Zeitschrift oder Prospekten ausgeschnitten und bei geöffnetem Deckel kopiert. Die Umgebung ist automatisch schwarz, die Figur weiß.

Helle Gegenstände und Hände können direkt auf den Kopierer gelegt und bei geöffnetem Deckel kopiert werden.

Auch skizzenhaft erstellte Künstlerzeichnungen eignen sich auch zum Kopieren und zur nachträglichen Ausgestaltung mittels Frottage.

# KAUM ZU ERKENNEN

**Altersstufe**
Klasse 5 - 10

**Zielvorstellungen**
- Struktur-/Texturübungen
- Figur und Hintergrund mit ähnlichen Strukturen/Texturen ausstatten
- Einsetzen von Linien, Strichen, Punkten als grafische Mittel zur Darstellung von Strukturen/Texturen.
  Eine grafische Vorlage wird durch Übernahme vorgegebener und durch Anwenden selbstgefundener Strukturen so ergänzt, dass das Objekt kaum zu erkennen ist.

**Material/Werkzeug**
1. Kopien von Menschen, Tieren, Pflanzen oder Gegenständen mit reichhaltiger grafischer Binnengliederung im DIN A4-Format. Es können weiße oder getönte Kopierblätter verwendet werden.
2. Schwarzer Kugelschreiber, Holzfarbstift oder Filzstift.
3. Eventuell OHP und Folien.

**Arbeitsweise**
1. Präsentation des auszugestaltenden Blattes auf Folie.
2. Problemstellung: Wie müsste die Umgebung aussehen, damit man die Figur fast nicht mehr erkennen kann?
Eventuell Demonstration durch unterschiedliche Überlegfolien mit entsprechenden Aussparungen oder mit Folienstift am OHP. Das Andeuten einiger Strukturen genügt als Orientierungshilfe.
3. Sorgfältiges Ausgestalten der Freiflächen.
4. Aufhängen der Arbeiten und betrachten aus unterschiedliche Entfernungen.

**Zeitaufwand**
Mind. 45 Minuten.

**Kopiervorlage**
siehe Anhang
Seite 85/86

**Variationen**
Vorlagen zur weiteren Ausgestaltung sollten sich möglichst an Kunst- und Designbeispielen orientieren. Auch grafisch differenzierte Abbildungen aus Biologiebüchern und Lexika eignen sich für eine Weiterführung.

- Es können unterschiedliche Ausschnitte einer kopierten Zeichnung gewählt werden.
- Es können bei geeignetem Kopierer Vergrößerungen und Verkleinerungen gewählt werden (Zoom-Effekte).

# DICHTER NEBEL

**Altersstufe**
Klasse 6 - 8

**Zielvorstellungen**
- Abgestufte Hell-Dunkel-Kontraste
- Raumwirkung (nah-fern)
- Schwache Hell-Dunkel-Kontraste bestimmen die Bildwirkung. Flüchtige Schraffuren in eine Richtung gesetzt sollen einen nebelartig verschwommenen Eindruck ohne starke Kontrastwirkung ergeben.

**Material/Werkzeug**
1. Weicher Bleistift oder grauer bzw. schwarzer Holzfarbstift. Alternativ Bleistifte mit unterschiedlichen Härtegraden.
2. DIN A 4-Blatt weiß oder grau getönt.
3. Nebelkalenderbilder, Grafiken mit besonderen Schraffuren.

**Zeitaufwand**
Eine Unterrichtsstunde.

**Arbeitsweise**
1. Betrachten unterschiedlicher Nebeldarstellungen (Kalenderbilder, Kunstwerke), Grafiken mit besonderen Schraffuren (Folien oder Kopien): Motive, Hell-Dunkel-Verteilungen und Kontraste, Bildwirkungen.
2. Erproben von Schraffuren und deren Hell-Dunkel-Wirkungen.
3. Zeichnen einer eigenen Nebelszene mit unterschiedlichen Schraffuren. Entweder mit dem dunklen, fast schwarzen Vordergrund beginnen und stufenweise heller schraffieren oder leicht den Hintergrund anlegen und nach vorn stetig dunkler schraffieren. Bei leichten Schraffuren den Stift möglichst schräg (fast waagerecht) halten!

**Variationen**
- Zu dieser Problematik sind vielfältige Motivstellungen möglich: Einsamer Baum, Dorf, Burg, Mensch(en), Tier(e), Boot(e) u.a. Gegenstände beziehungsweise Situationen im Nebel, in der Dämmerung, im Nieselregen, im Wolkenbruch, im Schneegestöber...
- Wer über einen PC und ein einfaches Zeichenprogramm verfügt, kann mit Hilfe der schwarzen Sprühpistole ähnliche Kontrastwirkungen herstellen.

# GROSSE SCHATTEN

**Altersstufe**
Klasse 5 - 10

**Zielvorstellungen**
- Groß-Klein Kontrast
- Hell-Dunkel Kontrast

Außergewöhnliche Bildwirkungen werden oft durch verschiedene Kontraste bestimmt. Kleine „Ursachen" können manchmal große Schattenwirkung bewirken.

**Material/Werkzeug**
1. Weicher Bleistift oder schwarzer Holzfarbstift, Wachsstift oder Ölkreide. Borstenpinsel, Haarpinsel, schwarze Wasser- oder Dispersionsfarbe.
2. Zeichenblatt DIN A4 oder DIN A5.
3. Versuche mit Lichtquellen und Schatten.

**Zeitaufwand**
Mindestens eine Unterrichtsstunde.

**Arbeitsweise**
1. Versuche mit Licht und Schatten am Overhead-Projektor und verschiedenen Gegenständen. Auf den Gesamtschatten und besondere (mehrdeutige)Teile achten.
Alternativ Text von Novalis besprechen: „Siehst du einen Riesen, so achte auf den Stand der Sonne, ob es nicht der Schatten eines Zwerges ist".
2. Zeichnen einer Schattenszene, bei der eine kleine Ursache (Figur/Gegenstand) große (Schatten-) Wirkung hat.
3. Vorstellen der Schattenbilder mit Rätselwirkung: Woher stammt der Schatten?

**Variationen**
Als Hintergrund für die Darstellung großer Schatten können bedingt auch alte Schülerarbeiten genutzt werden

Kl. 6

# UNHEIMLICHER DSCHUNGEL

**Altersstufe**
Klasse 6 - 10

**Zielvorstellungen**
- Extremer Hell-Dunkel-Kontrast
- Verändern von Bildvorlagen

  Hier soll besonders der Hell-Dunkel-Kontrast die Bildwirkung bestimmen und dadurch eine unheimliche Wirkung erreicht werden.

**Material/Werkzeug**
1. Schwarzer Holzfarbstift, Wachsstift, Ölkreide oder Kugelschreiber, Tusche und Haarpinsel, evtl. Bleistift und Radiergummi.
2. DIN A4-Blatt weiß oder getönt, alternativ Kopiervorlagen.
3. Schwarz-weiße Dschungelbilder, z. B. aus Naturkundebüchern oder Reisebeschreibungen, Folie, OHP.

**Arbeitsweise**
1. Betrachten unterschiedlicher Dschungeldarstellungen (Folien, Grafiken oder Kopien): Pflanzen, Tiere, Hell-Dunkel-Verteilungen und Kontraste, Bildwirkung.
2. Zeichnen einer eigenen dunkel angelegten Dschungelszene mit einem dichten Baum- und Pflanzengewirr, eventuell mit Tier(en) aber mit wenig Licht oder Umarbeiten einer Dschungel-Kopiervorlage.
3. Eine helle Dschungellandschaft lässt sich in einen unheimlichen Dschungel verwandeln, indem der Hintergrund möglichst dunkel oder schwarz ausgemalt/gezeichnet wird. Die größte Kontrastwirkung entsteht, wenn aus einer schwarzen Fläche kleine weiße Figuren oder Figurenteile (Augen, Gebiss u. ä.) hervortreten.

**Zeitaufwand**
Zwei Unterrichtsstunden.

**Variationen**
- Collagieren von Dschungelbildern aus grafischen Kopiervorlagen.
- Weiterverarbeiten von Kopien (auch Gemälden wie z. B. Dschungelbilder von Rousseau).

# SZENE EINER GRUSELGESCHICHTE

**Altersstufe**
Klasse 6 - 10

**Zielvorstellungen**
- Hell-Dunkel-Kontrast
- Unheimliche Bildsituation
  Unterschiedlich dichte Schraffuren in verschiedene Richtungen gesetzt, kleine helle/weiße Bildflächen neben dunkler Fläche erzeugen einen unheimlichen Eindruck, der mit entsprechenden Gestalten und Situationen noch verstärkt wird.

**Material/Werkzeug**
1. Schwarze Zeichenstifte, evtl. Haarpinsel und schwarze Wasserfarbe/Tusche.
Alternativ ein einfaches Zeichenprogramm, PC und Drucker.
2. DIN A4-Zeichenpapier weiß oder grau getönt.
3. Illustrationen von Grusel-, Gespenster- und Kriminalgeschichten.

**Zeitaufwand**
Mindestens eine Unterrichtsstunde.

*Käthe Kollwitz, Not*

**Arbeitsweise**
1. Betrachten einer Illustration (Folie oder Kopie): Motiv, Geschichte, Hell-Dunkel-Verteilungen und Kontraste, Bildwirkungen.
2. Anhand der Bildbeispiele erkennen, worin die gruselige Wirkung besteht (Bildsituation, Kontraste).
3. Zeichnen einer eigenen Gruselszene, die anschließend mit starkem Hell-Dunkel-Kontrast und differenzierten Schraffuren ausgestattet wird.

**Variationen**
Da nicht beabsichtigt ist, zu den bekannten Gewalt- und Horrorszenarien weitere Beispiele darstellen zu lassen, können sich die Motive einer Gruselszene auf ganz einfache Motive beschränken:
- flackernde Kerze
- Glühlampe, Laterne
- offenes Fenster, wehender Vorhang
- Gesichtslose Gestalt
- Unheimlicher Schatten
- bedrohliche Gegenstände
- blasses erschrockenes Gesicht u.ä.

# FIGUREN UND GESICHTER

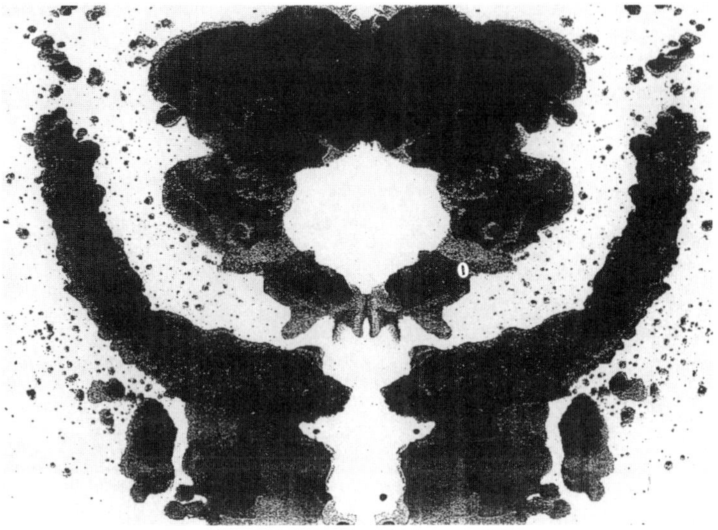

**Altersstufe**
Klasse 5 - 7

**Zielvorstellungen**
- Symmetrische Figuren entwickeln
- Ausdeuten der Ergebnisse

Durch Abklatschtechnik sollen Figuren gezielt, aber unter Einbeziehung des Zufalls, hergestellt und anschließend ausgedeutet werden.

**Material/Werkzeug**
1. DIN A4 oder A3-Zeichenpapier.
2. Schwarze Flüssigfarbe (Wasserfarbe, verdünnte Dispersionsfarbe), dicker Haarpinsel.
3. Zeichenstifte.
4. Eventuell Abbildungen von Testbildern.

**Zeitaufwand**
Eine Unterrichtsstunde

**Arbeitsweise**
1. Eventuell Betrachtung von Testbildern (Psychologietests).
2. Falten des Blattes in der Mitte.
3. Entweder zufälliges Aufklecksen oder gezieltes Aufmalen auf einer Blatthälfte.
4. Sofortiges Abklatschen der Figur auf die Gegenseite.
5. Das Abklatschbild kann durch weitere Kleckse und Malvorgänge und/oder mit Stiften figürlich ausgedeutet werden.
6. Jedes Abklatschbild bekommt einen Namen.

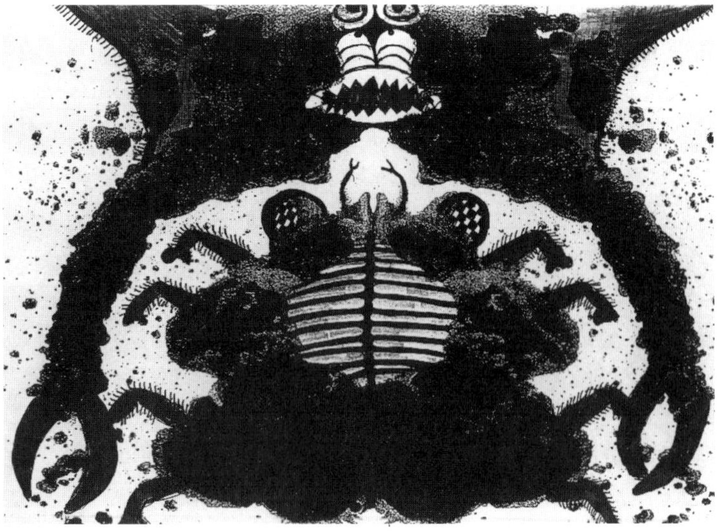

**Variationen**
- Ein nur mit schwarzer Farbe hergestelltes Klecksbild wird für alle kopiert. Wie viele verschiedene Ausdeutungen entstehen?
- Klecksbilder nach Motivvorgaben (Gesicht, Mensch, Tierkopf, Fabelwesen, Krebs usw.).

# SYMMETRISCHE ERGÄNZUNGEN

**Altersstufe**
Klasse 6 - 8

**Zielvorstellungen**

- Ergänzen von Figuren zu symmetrischen und asymmetrischen Gebilden
  Hier geht es zunächst um ein möglichst genaues symmetrisches Ergänzen von Figuren [mit und ohne Hilfsmittel]. Später kommen asymmetrische Ergänzungen hinzu.

**Material/Werkzeug**

1. DIN A4-Kopiervorlage weiß oder getönt.
2. Schwarzer Kugelschreiber, Holzfarbstift oder Filzstift.
3. Eventuell Geodreieck oder Lineal.
4. Ausgangsbilder (zum Vergleich).

**Zeitaufwand**
Mindestens 45 Minuten. Die Arbeitszeit ist stark vom Anspruchsniveau der Kopiervorlagen abhängig.

**Arbeitsweise**
1. Auswahl oder Vorgabe von Kopiervorlagen.
2. Möglichst symmetrische Ergänzung. Abhängig von der Vorlage: Eher durch freies Zeichnen oder durch möglichst exaktes Abmessen mit dem Geodreieck.
3. Vergleich mit dem Original (Folie) und eventuell Bildbetrachtung/Wahrnehmungsübung.

**Variationen**
Als Zusatzangebote:

- Ausschneiden, Sammeln und Dokumentieren symmetrischer und asymmetrischer Figuren.
- Ein Fehler im System
  Selbst entworfene Muster auf einem karierten Blatt werden absichtlich aber möglichst unauffällig mit einem kleinen Fehler (Asymmetrie!) versehen.
- Zusammengesetzte Wörter bildlich genommen:
  Nagel-Schere, Nasen-Flügel, Tisch-Bein, Aug-Apfel, Schrauben-Schlüssel, Löwen-Zahn ...

Kl. 6/7

# SPALTSCHNITT

**Altersstufe**
Klasse 6 - 8

**Zielvorstellungen**
- Symmetrische oder asymmetrische Figuren
- Herstellen von maskenähnlichen Gesichtern durch Spaltschnitt:
  Es können ausgewogene und spannungsreiche Hell-Dunkel-Wirkungen entstehen.

**Material/Werkzeug**
1. Ein weißes/helles und ein schwarzes/dunkelfarbiges Tonpapier/Schreibmaschinenpapier DIN A5 oder A4.
2. Ein DIN A4-Blatt (Tonpapier) dient dabei als Bildgrundlage, das andere ist für die Figur.
3. Bleistift/heller Holzfarbstift und Radiergummi.
4. Schere, Klebstoff.

**Zeitaufwand**
Zwei Unterrichtsstunden.

**Arbeitsweise**
1. Demonstration des Spaltschnitts, eventuell mit eigener kurzer Erprobungsphase: Eine Gesichtform wird möglichst symmetrisch angelegt; Augen, Nase, Mund, evtl. Ohren, Haare, Schmuck, Hals u.ä. eingezeichnet. Jetzt gibt es sehr viele Varianten, den Kopf in einzelne Stücke (z. B. in Streifen und/oder in andere Formen) zu zerlegen und diese mit Zwischenraum wieder aufzukleben.
2. Einige Schnitte, besonders die grundlegenden ersten Schnitte, welche die Figur teilen, können bzw. sollten mit Bleistift vorgezeichnet werden.
3. Schneiden mit der Schere. Die einzelnen Bildteile werden möglichst sofort auf den Bildgrund gelegt, um nichts durcheinanderzubringen. Nach der Erprobung werden die Bildteile mit gleichen oder unterschiedlichen Abständen aufgeklebt.

# JETZT KOMMT LEBEN IN DIE BUDE

**Altersstufe**
Klasse 5 - 8

**Zielvorstellungen**
- Phantasievolles Ergänzen eines Bildes
- Weiterführen vorgegebener Strukturen
- Entwickeln von Formen, Punkt-, Strich- und Liniengefügen

**Material/Werkzeug**
1. Kopiervorlage DIN A5, maximal DIN A4.
2. Schwarzer Kugelschreiber, Holzfarbstift, weicher Bleistift oder Filzstift, Tintenstift, Feinliner.
3. Geodreieck oder Lineal.

**Arbeitsweise**
1. Kurze Vorstellung der Arbeit, eventuell verpackt in einer kurzen, selbst ge- bzw. erfundenen Motivationsgeschichte. Auswahl der Vorlagen.
2. Hinweise auf inhaltliche/motivische Weiterführung, auf die Vielfalt möglicher Linien-, Strich- und Punktstrukturen (eventuell Demonstrationen an Tafel oder OHP) und die notwendige Sorgfalt und Ausdauer, um dichte grafische Strukturen zu erreichen.
3. Praktische Arbeit: Ausstattung der Kopiervorlage mit Gerüsten, Leitern, Seilen und vielen kleinen Arbeitern
4. Präsentation, Schlussbesprechung.

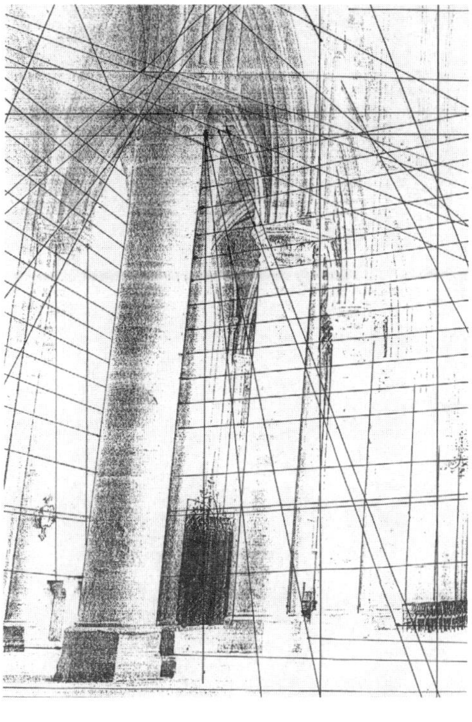

**Zeitaufwand**
Mindestens 45 Minuten.

**Kopiervorlage**
siehe Anhang
Seite 87

**Alternative:**
Sie können auch bekannte und unbekannte Denkmäler kopieren und diese zur Renovierung einrüsten lassen.

# ICH SEHE WAS, WAS DU NOCH NICHT SIEHST

**Altersstufe**
Klasse 5 - 7

**Zielvorstellungen**
- Ausdeuten von Zufallsstrukturen
- Einsetzen von Linien als grafisches Mittel zur Darstellung von Strukturen/Texturen.
  Durch freies, spielerisches Aufzeichnen von Linien entsteht ein zufälliges Liniengeflecht, in dem bei genauerem Hinsehen „versteckte" Figuren erkannt werden können. Diese Figuren werden anschließend grafisch hervorgehoben.

**Material/Werkzeug**
1. Zeichenblock DIN A4 oder A3, Bleistift oder Kugelschreiber.
2. Schwarzer Holzfarbstift oder dünner Wachsstift.

**Zeitaufwand**
Mindestens 30 Minuten.

**Arbeitsweise**
1. Herstellen eines Liniengeflechts. Linien können eckig, gebogen, wellig, zackig sein, in großen und kleinen Schleifen, Kurven usw. angelegt werden. Eventuell mit Musikbegleitung. Durch vielfältige Überschneidungen entsteht ein Liniengeflecht.
2. Über Anregungen zum genauen Hinsehen, eventuell durch eine kleine selbstgefundene Motivationsgeschichte gehen die Schüler auf Figurensuche.
3. Gefundene Figuren werden hervorgehoben, z. B. durch Umfahren ihres Umrisses mit einem dickeren Stift oder durch leichtes Abtönen der Figur mit Bleistift.

# DER GROSSE UMZUG

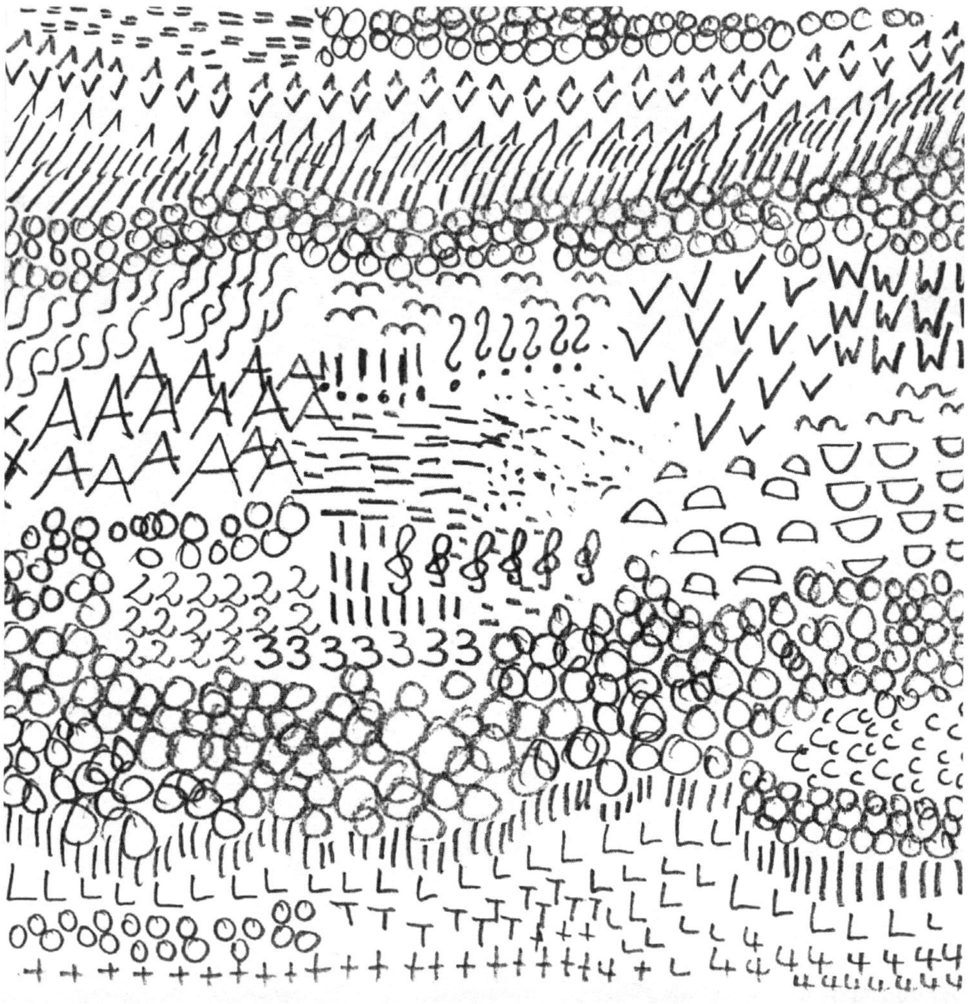

**Altersstufe**
Klasse 5 - 6

**Zielvorstellungen**

- Im freien und gezielten Umgang mit grafischen Mitteln wird deren Wirkung erfahren.

**Material/Werkzeug**

1. DIN A4-Blatt (Schreibmaschinenpapier) weiß oder getönt.
2. Tusche und Feder, auch aus Bambus o. ä.. Selbsthergestellte/geschnittene Federn.
   Alternative: Füller.

**Zeitaufwand**
Mindestens 45 Minuten

**Arbeitsweise**
1. Besprechen von Umzügen zu den unterschiedlichsten Veranstaltungen.
Es gibt meist viele Teilnehmer und Zuschauer.
2. Am großen Umzug dürfen alle Linien, Striche und Punkte teilnehmen, sogar Buchstaben, Satzzeichen, Zahlen oder sonstige grafische Zeichen. Die Arbeit hat durch das Material (Tusche/Feder) auch experimentellen Charakter. Reihungen, Streuungen und Ballungen/Häufungen als Gruppierungsformen können so umgesetzt werden, dass ein Umzug mit Zuschauern entsteht.
3. Abschließend Präsentation der Schülerarbeiten mit Schlussbesprechung.

# WAS MEIN BORSTENPINSEL KANN

**Altersstufe**
Klasse 5 - 6

**Zielvorstellungen**
- Maltechniken erproben
- Kennenlernen und praktisches Umsetzen verschiedener Maltechniken
  In einer ersten Auseinandersetzung mit unterschiedlichen Maltechniken steht der Borstenpinsel im Mittelpunkt. Nach einer Zusammenstellung der verschiedenen Möglichkeiten, mit dem Borstenpinsel zu malen, können die Maltechniken aufgegriffen und dazu adäquate Themenstellungen bzw. Motive angeboten werden.

**Material/Werkzeug**
1. Zeichenblock DIN A3, Probeblätter DIN A4.
2. Wasserfarben, Borstenpinsel mittlerer Größe.

**Zeitaufwand**
Mindestens eine Unterrichtsstunde.

**Arbeitsweise**

1. Erkunden möglicher Malweisen auf Probeblättern oder Zeichenblock. Malen dicker Schlangenlinien oder eines Wirbelsturms mit langen Pinselstrichen, Tupfen eines kleinen Steinhaufens oder eines Sandhügels, Stricheln eines dichten Regens oder einer Wiese, Borstenpinsel auf der Stelle drehen ergibt Beeren, Murmeln, Kugeln oder Räder.
2. Präsentation der Ergebnisse. Was gelingt gut? Welche Technik war neu? Was hat Spaß gemacht? Wozu ist ein Borstenpinsel nicht geeignet?
3. Aufgreifen einer der Maltechniken in den folgenden Aufgaben.

**Motivvorschläge**

- Auf-der-Stelle-Drehtechnik:
  Viele Beeren im dichten Geäst. Bunte Murmeln auf grauen Steinen. Buntes Plastikkugelbad. Reife Trauben. Stilleben mit knallroten Kirschen. Buntes Bonbonglas. Beeren im Einmachglas. Froschlaich im Tümpel.
- Tupfen oder Stricheln:
  Bunte Blumenwiese. Bunter Flickenteppich. Mohnblumen im Weizenfeld. Wasserfall. Springbrunnen. Regenschauer.
- Breite Farbstriche:
  Jahresringe eines phantastischen Baums. Buntes Gewirr aus Wolle. Bunte Luftschlangen. Verschiedene Bodenschichten türmen sich auf.

# O WEH, DER HAARPINSEL!

**Altersstufe**
Klasse 5 - 6

**Zielvorstellungen**
- Einführung in die Arbeit mit dem Haarpinsel
- Flächiges und deckendes Malen

**Material/Werkzeug**
1. Zeichenblock DIN A3, eventuell Konzeptpapier
2. Dicker Haarpinsel oder Schwämmchen
3. Feiner Haarpinsel
4. Wasserfarben, Deckweiß.

**Zeitaufwand**
Mindestens 60 Minuten.

**Arbeitsweise**
1. Vorerfahrungen mit dem Haarpinsel aus der Grundschulzeit thematisieren. Nicht nur zur allgemeinen Belustigung ein möglichst abschreckendes Beispiel eines unsachgemäß verwendeten und gelagerten Haarpinsels mit gespreizten Haaren präsentieren.
2. Eventuell Vor- und Nachteile der Arbeit mit einem Haar- und einem Borstenpinsel erproben und benennen. Eine sachgerechte Farbaufnahme mit dem Pinsel demonstrieren und üben lassen.
3. Aufgabenstellung: Motivabhängiges großflächiges Bemalen der Bildfläche mit dickem Haarpinsel oder Schwämmchen. Trocknen lassen.
4. Situationsabhängiges deckendes Überarbeiten der Fläche mit feinem Haarpinsel und feinen Farbstrichen.
5. Vorstellen und Besprechen der Arbeiten.

**Motivvorschläge**
- Wüstenlandschaft mit feingliedrigen Dornenhecken
- Winterlandschaft mit kahlen Bäumen, Büschen und eventuell feiner Schneeauflage
- Unterwasserlandschaft mit bizarren Korallenstöcken
- Hügellandschaft mit frisch sprießendem Grün
- Tier mit speziellen Stacheln, Mustern, Panzern, Fellstrukturen
- Gesicht oder Körperteile mit Schmuck, Schminke und Tattoos

# ÜBERMALUNG UND ERGÄNZUNG

**Altersstufe**
Klasse 5 - 10

**Zielvorstellungen**
- Erproben lasierender und deckender Malweisen
- Phantasievolles Weiterführen eines Bildausschnitts

**Material/Werkzeug**
1. Zeichenblock DIN A3 oder Kopiervorlage DIN A3.
2. Eventuell eine Kopiervorlage (Illustrierte, Kataloge, Prospekte, Schnippelbücher), Schere, Klebstoff.
3. Wasserfarben, Deckweiß, Borsten- und Haarpinsel.

**Kopiervorlage**
s. Anhang S. 88

**Zeitaufwand**
Eine Unterrichtsstunde.

**Arbeitsweise**
1. Ausgangspunkte sind vorgegebene oder selbst hergestellte Kopiervorlagen aber auch gesammelte Schwarz-Weiß-Abbildungen, die teilweise deckend, teilweise durchscheinend (lasierend) übermalt werden sollen. Siehe auch kolorierte Fotos vor der Erfindung der Farbfotografie.
2. Ausschneiden und Aufkleben der Motive zu einer Kopiervorlage bzw. Auswahl unter vorhandenen Kopiervorlagen.
3. Ausgestalten der Kopiervorlage nach individuellen Vorstellungen. Die Motive vorwiegend durchscheinend und den Hintergrund bzw. die Umgebung vorwiegend deckend anlegen.

Tipp: Größere kopierte Schwarzflächen können durch Zumischen von Deckweiß besser übermalt werden.

**Anregungen**
Kopiervorlagen können durch ausschnitthafte, größere Abbildungen aus Tageszeitungen oder Illustrierten hergestellt werden. Als Motive bieten sich aktuelle Bilder aus den Bereichen Sport, Mode, Kultur, Werbung, Natur oder der individuellen Umwelt an. Aspekte der Medienerziehung können in die Auseinandersetzung einfließen.

# GLÜHENDE SOMMERHITZE

*Springbrunnen*

**Altersstufe**
Klasse 5 - 10

**Zielvorstellungen**
- Strichelnde Malweisen erproben
- Bewegung in Farbstriche umsetzen

Nachdem grundsätzliche Maltechniken mit dem Borstenpinsel praktisch erprobt wurden, soll jetzt die Malweise mit kleinen Strichen angewandt werden.

**Material/Werkzeug**
1. Zeichenblock DIN A3.
2. Wasserfarben, Deckweiß, Borstenpinsel mittlerer Größe.

**Zeitaufwand**
Mindestens eine Unterrichtsstunde.

**Arbeitsweise**
1. Eventuell Bildbetrachtung bzw. Wahrnehmungsübung voranstellen. Es eignen sich Landschaftsbilder von Derain, Monet, van Gogh.
2. Aufgrund der Themenstellung können eigene Erfahrungen (Flimmern über dem Asphalt) zur Sprache gebracht und mögliche Motive erkundet und gesammelt werden, z.B. unterschiedliche Landschaften mit spezieller „Ausstattung".
3. Anlegen bzw. Skizzieren der Situation aber nur mit den wichtigsten Anhaltspunkten. Strichartiges Malen mit vorwiegend hellen Farben, wobei immer viele Farbstriche in einer Farbe angelegt werden, bevor eine andere Farbe gewählt wird.
4. Zum Schluss können noch freie weiße Flächen durch sehr verdünnte Farbflüssigkeit strichelnd oder tupfend bemalt werden.

**Variationen**
- Bunter Springbrunnen
- Buntes Feuerwerk
- Platzende Luftballons
- Konfetti- und Luftschlangenparade
- Vulkanausbruch
- Buntes Discogeblitze

# FARBSPIRALE

**Altersstufe**
Klasse 5 - 6

**Zielvorstellungen**
- Farbkontraste
- Farbe aufhellen oder trüben
  Hier geht es darum, mit einer einfachen Ausgangsform, Kalt-Warm-Kontraste, Komplementärkontraste sowie starke oder schwache Farbkontraste zu erfahren und praktisch umzusetzen.

**Material/Werkzeug**
1. Zeichenblock DIN A3.
2. Wasserfarben, Deckweiß, Borstenpinsel.
3. Eventuell wasserabstoßende Wachsmalstifte.

**Arbeitsweise**
1. Anlegen der Spiralfigur mit wässriger Farbe oder wasserabstoßenden Wachsstiften.
2. Ausmalen der Figur mit wechselnden Farben und unterschiedlichen Farbkombinationen, aber auch mit beschränkter Farbpalette hinsichtlich des Kalt-Warm - oder des Komplementärkontrastes.
3. Die Farb- und Kontrastwirkungen erörtern.

**Variationen**
- Aufhellen der Farbe durch Deckweiß oder mit Wasser
- Trüben von Farben mit Schwarz
- Aufgehellte Farbfläche grenzt an aufgehellte Farbfläche
- Gesättigte/getrübte Farbfläche grenzt an gesättigte/getrübte Farbfläche
- Farben fließen leicht ineinander
- Farben werden klar voneinander abgegrenzt
- Farbflächen werden konturiert (zum Beispiel mit einer dunklen Farbe oder Schwarz eingefasst)

**Zeitaufwand**
Eine Unterrichtsstunde.

## SCHMUTZIGE INDUSTRIELANDSCHAFT

**Altersstufe**
Klasse 5 - 10

**Zielvorstellungen**
- Mischen und Trüben von Farben
- Durchscheinendes, wässriges Malen

**Material/Werkzeug**
1. Zeichenblock DIN A3.
2. Wasserfarben, Haar- und Borstenpinsel.

**Zeitaufwand**
Maximal eine Unterrichtsstunde.

**Variationen**
Weitere Motive mit geänderter Farbpalette:
- Landschaft im Schneegestöber (weiß-grau-blau-Töne)
- Gespenstisches Abbruchhaus (grau-braun-schwarz-Töne)
- Blubbernde und speiende Geysire (weiß-gelb-orange-blau-braun-Töne)
- Hafen der grauen Stadt am Meer (grau-blau-schwarz-Töne)

**Arbeitsweise**
1. Eventuell Bildbetrachtung/Wahrnehmungsübung mit ähnlich gelagerter Bildauffassung oder Farbgebung: Bilder von historischen und modernen Industrieanlagen (Hochofenlandschaften, Raffinerien, Fördertürme von Bergwerken, Kraftwerke mit Kühltürmen usw.).
2. Spontanes Malen möglichst ohne Vorskizze aber mit vielfältigen Mischungen. Dabei sollen viele unterschiedliche „Schmutztöne" ermischt und die Farben so wässrig wie möglich aufgetragen werden. Stellenweises Ineinanderlaufen der Farben ist nicht tragisch! Lediglich beim Malen linienhafter Farbspuren (Masten, Kräne, Leitungen, Gerüste usw.) sollte der Malgrund trocken sein, um ein Verlaufen der Farben zu vermeiden.
3. Präsentation und Vorstellen der Arbeiten. Eventuell Vergleich mit historischen Gemälden industrieller Landschaften.

# GEBIRGSBACHSTEINE

**Altersstufe**
Klasse 6 - 10

**Zielvorstellungen**
- Aufhellen und Trüben von Farben
- Erproben und Anwenden von Maltechniken
  Hier geht es darum, ein Stück eines Gebirgsbaches mit großen Kieselsteinen darzustellen.

**Material/Werkzeug**
1. Wasserfarben, Borsten- und evtl. Haarpinsel.
2. Zeichenblock DIN A3-Format.
3. Eine Auswahl von großen Kieselsteinen.

**Zeitaufwand**
Zwei Unterrichtsstunden.

**Arbeitsweise**
1. Vorstellungen über und Erfahrungen mit Gebirgsbächen. Die mitgebrachten Kieselsteine werden auf ihre Farben und Formen hin untersucht und beschrieben. Problematisieren der Farbimitation und der Maltechnik. Es eignet sich eine tupfende bzw. übertupfende Malweise, evtl. gemeinsame praktische Versuche mit Deckweiß.
2. Erproben von steinähnlichen Farbmischungen auf dem Zeichenblock, dann gezielte Anwendung mit unterschiedlichen Steinformen und Größen.
3. Noch freie Flächen werden mit dunklen oder hellen erdigen Tönen zugetupft.
4. Nach dem Trocknen können mit stark verdünnter weißer oder hellblauer Farbflüssigkeit und großem Pinsel Wasserspuren darübergemalt und übergespritzt werden.

# FLICKENTEPPICH

**Altersstufe**
Klasse 5 - 7

**Zielvorstellungen**
- Farbdifferenzierung
- Farbverflechtung

**Material/Werkzeug**
1. Zeichenblock DIN A3.
2. Wasserfarben, Deckweiß, Borstenpinsel, feiner Haarpinsel.

**Zeitaufwand**
Zwei Unterrichtsstunden.

**Kopiervorlage**
siehe Anhang
Seite 89

**Arbeitsweise**
1. Eventuell Betrachtung von Flicken- und anderen Teppichen.
2. Hier sollen zwei Farben ausgewählt und weitere Farbtöne ermischt werden. Die gewählten Farben müssen jeweils mehrfach und verstreut auf der Blattfläche auftauchen. Durch dieses Verfahren entsteht eine Farbverflechtung. Malregel: Die Farben (z. B. Rot und Grün) müssen mehr oder weniger gleichmäßig über die Blattfläche verteilt werden. Am besten beginnt man mit den hellen Farbtönen. Es werden jeweils kleine und etwas größere Farbflächen angelegt. Das Bild ist fast fertig, wenn keine weißen Stellen mehr zu sehen sind.
3. Die Verbindungsstellen der Flecken werden mit „Nahtstellen" versehen.

**Variationen**
- Herstellen von Musterentwürfen in Verbindung mit dem Arbeitsbereich Grafik (Symmetrie oder Asymmetrie)
- Herstellen von Ausmalvorlagen zum Kopieren für unterschiedliche Farbentwürfe bei gleichem Muster
- Wer kann bei nur zwei Ausgangsfarben möglichst viele unterschiedliche Farben ermischen
- Erweiterung der Farbpalette auf drei bis vier Farben. Welche Farbstimmungen können bei unterschiedlichen Farbkombinationen wahrgenommen werden?

# ROTE MÄDCHEN, BLAUE JUNGS?

**Altersstufe**
Klasse 5 - 6

**Zielvorstellungen**
- Farbdifferenzierung
- Starke und schwache Farbkontraste.

**Material/Werkzeug**
1. Selbsthergestellte Schablonen aus Katalogbildern und Karton, Schere, Klebstoff.
2. Wasserabstoßende Wachsstifte.
3. Zeichenblock DIN A3.
4. Wasserfarben, großer Haar- oder Borstenpinsel.

**Zeitaufwand**
Zwei Unterrichtsstunden.

**Kopiervorlage**
s. Anhang S. 90

**Arbeitsweise**
1. Betrachten von Jugendmode in Katalogen, Aufbau, Zusammenstellung der Models und der Kleidung, Blickfang, Größenverhältnisse usw.
2. Herstellung von Schablonen durch grobes Ausschneiden der Figuren, Aufkleben auf ein Kartonstück und anschließendes genaueres Ausschneiden.
3. Auflegen und Umfahren der Schablonen mit wasserabstoßenden Wachsstiften. Unten mit großen Figuren beginnen, nach oben kommen die etwas kleineren Figuren. Auf Verdeckungen bzw. Überschneidungen achten! Ein Austausch der Schablonen untereinander ist wegen der größeren Vielfalt wünschenswert.
4. Bemalen der Figuren mit den unterschiedlichsten Farbkombinationen aber auch mit beschränkter Farbpalette. Später können bestimmte, bisher weitgehend zufällige Kontrastwirkungen erörtert werden .

**Variationen**
- Herstellen von Durchpausbildern als Malvorlagen (z. B. Arbeitsbereich Grafik - Durchsichtig) und möglicherweise unterschiedlicher Kopiervorlagen auch für weitere Farbmischerprobungen.
- Sammeln, Ausschneiden und Aufkleben von Abbildungen aus Katalogen. Farbliches Überarbeitung der Collageteile (deckendes und durchscheinendes Übermalen), kontrastreiches oder kontrastarmes Bemalen der Frei- und Zwischenflächen.

## BEI VOLLMOND

**Altersstufe**
Klasse 5 - 7

**Zielvorstellungen**
- Erkennen und Umsetzen von Konstruktionsprinzipien
- Situationsabhängige Farbwahl
- Aufhellen und Trüben von Farben

**Material/Werkzeug**
1. Malblock DIN A3.
2. Weicher Bleistift oder Wachsstift.
3. Wasserfarben, Deckweiß, Borstenpinsel.

**Arbeitsweise**
Im Rahmen einer Bildbetrachtung (z. B. von Paul Klee: Feuer bei Vollmond, Burg und Sonne u. a.) sollen die Schüler das „Konstruktionsprinzip" erkennen. In erster Linie ergeben hier waagrechte und senkrechte Linien die Bildstruktur.
Vielfältige mögliche Abänderungen/Varianten werden durchgesprochen.

Die Schüler zeichnen waagrechte und senkrechte Linien in einem Mindestabstand von ca. 3 cm (3 - 4 Finger breit) ein.

Ausmalen der Farbflächen, wobei kleine und größere Farbflächen aneinander gesetzt werden sollen. Ab und zu können zwei oder mehrere „Felder" zu einer größeren Farbfläche zusammengefasst werden. Farben sollen gemischt, mit dunklen Farben getrübt oder mit Deckweiß aufgehellt werden.

Die Farbauswahl hängt von dem vorgegebenen oder selbst gewählten Motiv ab (Wald bei Vollmond, Wüste bei Vollmond, Eismeer bei Vollmond, Stadt bei Vollmond usw.).
Vorstellen und Betrachten der Schülerarbeiten.

**Aufgabenvarianten**
- Variationen eines gerasterten Bildes
- In eine Kopie die entsprechende Konstruktionslinien mit dickem Stift einzeichnen und die Grauflächen farbig und deckend bzw. durchscheinend übermalen.
- In Verbindung mit dem Arbeitsbereich Grafik Klee nachempfundene Strukturen erfinden (Symmetrie/Asymmetrie) und anschließend ausmalen.
  Vorschläge für „Konstruktionsprinzipien" sind auf der folgenden Seite abgebildet.
- Nach der Herstellung der Rasterflächen können auch Figuren (z. B. ein Tier, ein Gegenstand, ein Mensch o. ä.) „versteckt" und durch Zusammenfassen verschiedener kleiner Flächen sichtbar gemacht werden.

**Zeitaufwand**
Je nach Aufgabenvarianten 2 bis 4 Unterrichtsstunden.

**Kopiervorlage**
s. Anhang S. 91

# BEI VOLLMOND

**Konstruktionsmöglichkeiten**

**Prinzip Baukasten**

**Prinzip Holzmaserung**

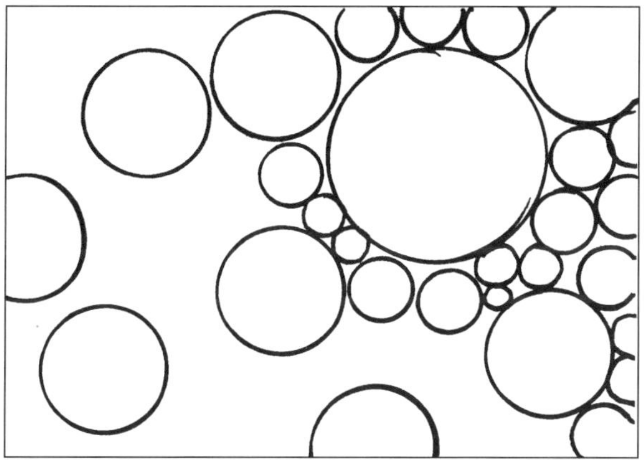

**Prinzip Styropor**

**Prinzip Puzzle**

**Prinzip Gitter**

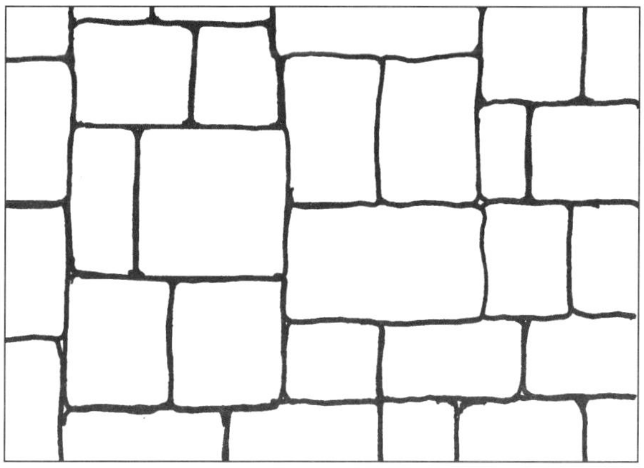

**Prinzip Mauerstein**

# WELCHES TIER VERSTECKT SICH DA?

**Altersstufe**
Klasse 5 - 7

**Zielvorstellungen**

- Farbmischungen / Farbverflechtung
  Hier sollen gezielt Farbbeziehungen hergestellt werden, indem eine Farbe jeweils im Tierkörper und in der Umgebung auftaucht. Durch diese "Farbverflechtungen" fällt das Tier kaum auf.

**Material/Werkzeug**
1. Kopiervorlagen, möglichst auf DIN A3-Blatt übertragen. Falls möglich, könnte das Tier immer wieder versetzt kopiert werden, so dass es sich jeweils an verschiedenen Stellen des Bildes befindet.
2. Wasserfarben, Deckweiß, Borstenpinsel.

**Kopiervorlage**
s. Anhang S. 92

**Arbeitsweise**
Auswahl oder Zuteilen der Kopiervorlage. Malregel: Die Farben, die für das Tier gewählt werden, müssen auch in der Umgebung auftauchen und umgekehrt. Am besten beginnt man mit den hellen Farben, setzt einen oder zwei Farbflecke in das Tier und anschließend in die Umgebung. Erst dann wählt man eine neue Farbe. Das Bild ist dann fertig, wenn keine weißen Stellen mehr zu sehen sind. Das Tier kann sowohl deckend als auch durchscheinend übermalt werden. Präsentieren der Arbeiten aus unterschiedlichen Entfernungen. Wo ist das Tier versteckt? Warum kann man es mehr oder weniger schlecht erkennen? Eventuell Bildbetrachtung Kokoschka: Der Mandrill.

**Variationen**

- Das sich verbergende Tier kann selbst gewählt und umrisshaft mit heller Flüssigfarbe „vorgemalt" werden.
- Tiere können aus Bildvorlagen selbst ausgesucht, ausgeschnitten und als weitere Bildvorlagen zum Bemalen kopiert werden.
- Vorgegebene Farbbilder aus Illustrierten, Zeichenblockdeckblättern, Kalendern u. ä. können deckend übermalt werden, dass eine Farbverflechtung entsteht und das abgebildete Tier weniger auffällt.
- Ein und dasselbe Tier kann einmal durch Farbverflechtung versteckt oder durch auffällige Farbgruppierung hervorgehoben werden (Figur-Grund-Problematik).

**Zeitaufwand**
Zwei Unterrichtsstunden.

# DER, DIE, DAS FÄLLT RICHTIG AUF

**Altersstufe**
Klasse 5 - 8

**Zielvorstellungen**
- Hervorheben einer Figur / Form
- Farbkontraste und Farbgruppierungen
  Hier sollen verschiedene farbige Abbildungen zu einer Situation oder einem Motiv zusammengestellt und mit dem Pinsel überarbeitet werden.

**Zeitaufwand**
Zwei Unterrichtsstunden.

**Material/Werkzeug**
1. Zeichenblock DIN A3.
2. Bildteile aus Katalogen, Zeitschriften, Prospekten, Schere, Klebstoff.
3. Wasserfarben, Deckweiß, Borstenpinsel.

**Arbeitsweise**
1. Eventuell Bildbetrachtung/Wahrnehmungsübung mit ähnlich gelagerter Bildauffassung (z. B. Klee: Unterwassergarten), Erörterung der Farbgebung, der Malweise und des Bildaufbaus. Übertragungsmöglichkeiten auf andere Bereiche. Es kann etwas im Straßenverkehr, im Schaufenster, im Garten oder unter Wasser besonders auffallen.
2. Auswahl eines Motivs unter Berücksichtigung des zur Verfügung stehenden Materials bzw. vorhandener Bildteile.
3. Ausschneiden und Aufkleben der Bildteile.
4. Noch freie Flächen werden mit dem Borstenpinsel der Farbsituation entsprechend angepasst, dabei können auch einzelne Bildteile übermalt werden.

# SONNENUNTERGANG

**Altersstufe**
Klasse 5 - 8

**Zielvorstellungen**
- Farbkontraste
- Hell-Dunkel-Kontraste
  Hier geht es darum, ein markantes Objekt silhouettenhaft und kontrastreich in eine stimmungsvolle Sonnenuntergangsszene zu setzen.

**Material/Werkzeug**
1. Wasserfarben, Borsten- und evtl. Haarpinsel, alternativ Regenbogenbuntpapier.
2. Zeichenblock DIN A3-Format (alternativ Regenbogenbuntpapier).
3. Eventuell Formen/Figuren aus dunklen Farbpapieren (Tonpapiere u. ä.), Schere, Klebstoff.

**Zeitaufwand**
Zwei Unterrichtsstunden.

**Arbeitsweise**
1. Sonnenuntergänge auf Fotos, in Urlaubsprospekten, Kalendern oder Kunstwerken betrachten. Unterschiedliche Farbkombinationen und Farbstimmungen erörtern. Gegenlichtaufnahmen.
2. Einfache Farbfiguren hinsichtlich ihrer Kontrastwirkung (von schwarz bis weiß) erproben.
3. Malen des Sonnenuntergangs mit oder ohne Sonne.
4. Nach dem Trocknen wird eine Figur/ein Objekt (Windmühle, Kran, Burg, abgestorbener Baum usw.) möglichst kontrastreich ins Bild gesetzt.

**Variationen**
- Malen und Collagieren
  Stimmungsvolle Farbverläufe malen lassen und nach dem Trocknen ausgeschnittene Bildteile aufkleben.
- Geisterhand
  Eine schwarze Geisterhand (eigener Handumriss) soll in eine ganz in Blautönen angelegte Umgebung gesetzt werden. In die schwarze Geisterhand können Zähne, Augen u. ä. mit Deckweiß und einem feinen Pinsel aufgemalt werden.
- Eventuell Bildbetrachtung Max Ernst: Die blauen Götter.

# SURFER IN STÜRMISCHER SEE

**Altersstufe**
Klasse 5 - 8

**Zielvorstellungen**
- Farbkontraste
- Farbbewegung

**Material/Werkzeug**
1. Wasserfarben, Borsten- und evtl. Haarpinsel.
2. Zeichenblock DIN A3-Format.

**Zeitaufwand**
Zwei Unterrichtsstunden.

**Arbeitsweise**
1. Surfer und deren Brett- und Segelgestaltung beschreiben. Eventuell mögliche Muster erörtern und skizzenhaft festhalten. Umgebung mit starkem Wellengang und stürmischen Winden.
Dadurch sind die Surfer in den unterschiedlichsten Positionen und teilweise von hohem Wellengang verdeckt.
2. Surfer und See sollten mit wässriger Farbe ohne Details skizziert werden, um Verdeckungen oder Überschneidungen sichtbar zu machen.
3. Ausgestalten der Surfsegel mit bunten Mustern. Die See und auch Teile des Himmels können mit wellenförmigen, auf- und abschwellenden Bewegungsspuren in unterschiedlichen Blautönen und etwas Deckweiß für die Schaumkronen gestaltet werden.

**Motivvariationen**
- Segelboote, Seenotrettungskreuzer, Rettungsinsel u. ä. in stürmischer See
- Schlauchboot im reißenden Canyon
- Kanufahrt im Wildwasser

# EIN ANDERES SOMMERBILD

**Altersstufe**
Klasse 5 - 7

**Zielvorstellungen**
- Farben mischen
- Farbflächen anlegen und kombinieren
- Bedeutungswirkung von Farbkombinationen

**Material/Werkzeug**
1. Zeichenblock DIN A3; Probeblatt DIN A4
2. Weicher Bleistift, Radiergummi
3. Wasserfarben, Deckweiß, Borstenpinsel

**Zeitaufwand**
Mindestens 60 Minuten.

**Arbeitsweise**
1. „Ein anderes Sommerbild" wird aus den Großbuchstaben des Wortes SOMMER konstruiert. Die einzelnen Buchstaben werden verstreut und sehr groß auf das Blatt geschrieben. Einzelne Buchstaben sollen sich dabei überschneiden. (Siehe Abbildung unten). Eventuell Erproben der Anordnung auf einem Extrablatt.
2. Übertragen des Wortbildes auf den Zeichenblock. Die Buchstaben werden mit einer Farbe (blau- grün- rot usw.) und Borstenpinsel gut sichtbar nachgefahren.

3. Da das Wort nicht mehr lesbar und damit die Bedeutung für Nichteingeweihte unbekannt ist, muss das Sommerbild mit entsprechenden „Sommerfarben" ausgestattet werden. Ausmalen der Farbflächen, wobei durch die Schriftkonstellation kleine und größere Farbflächen entstanden sind. Farben sollen gemischt und teilweise mit Deckweiß aufgehellt werden.
4. Vorstellen und Betrachten von Schülerarbeiten. Dabei vor allem die gewählten bzw. assoziierten Farben erläutern.

**Variationen**
Das Herstellungsprinzip lässt sich auf andere Jahreszeiten und eventuell auch auf jahreszeitlich bedingte Ereignisse übertragen.

# GESICHTER VERRATEN VIEL

**Altersstufe**
Klasse 5 - 10

**Zielvorstellungen**
- Farbe mischen, aufhellen und trüben
- Farbe als Stimmungs- und Bedeutungsträger
- Anwenden unterschiedlicher Maltechniken

**Material/Werkzeug**
1. Zeichenblock DIN A3.
2. Abbildung eines etwa handgroßen Gesichts (Illustrierte, Kataloge, Prospekte), Schere, Klebstoff.
3. Wasserfarben, Deckweiß, Borstenpinsel.

**Zeitaufwand**
Mindestens eine Unterrichtsstunde.

**Arbeitsweise**
1. Ausgangspunkte sind Gesichter oder Köpfe, die möglichst unterschiedliche Gefühle (Freude, Trauer, Leid, Angst, Erstaunen, Ärger) aufweisen sollten.
2. Ausschneiden und Aufkleben eines Gesichts.
3. Ausgestalten des Hintergrunds bzw. der Umgebung nach individuellen (Gefühls-) Vorstellungen durch entsprechende Farbgebung sowie durch tupfende, strichelnde und flächige Malweisen.

**Variationen**
Statt Menschenköpfen könnten auch Tierköpfe, Personen mit spezifischer Gestik und Mimik oder ausdrucksstarke Situationsdarstellungen verwendet werden.

# BUNTES GEBIRGSDORF

*Kandinsky: Murnau mit Kirche I*

**Altersstufe**
Klasse 5 - 10

**Zielvorstellungen**
- Farbflächen und Farbspuren
- Aufhellen und Trüben
- Unrealistische Farbgebung

**Material/Werkzeug**
1. Zeichenblock DIN A3.
2. Wasserfarben, Deckweiß, Borstenpinsel.

**Zeitaufwand**
Ein bis zwei Unterrichtsstunden.

**Arbeitsweise**
1. Eventuell Bildbetrachtung/Wahrnehmungsübung (z. B. Kirchner: Blick auf Davos, Kandinsky: Murnau mit Kirche, Münter: Blick aufs Gebirge u. a.).
2. Malen der Landschaft, wobei kleine und größere Farbflächen aneinandergesetzt werden. Die Landschafts- und Gebäudeteile können mit unrealistischen oder auffälligen Farben gemalt und mit Deckweiß aufgehellt werden.

**Variationen**
Neben anderen Motiven und entsprechenden Beispielen aus der Bildenden Kunst (Marc, Nolde u. a.) können auch größerformatige Zeitungs- und Illustriertenfotos bzw. ganze oder teilweise Kopien davon unrealistisch bemalt werden.

# MEIN HUNDERTWASSERBILD

**Altersstufe**
Klasse 5 - 10

**Zielvorstellungen**

- Farbkontraste, besonders Komplementärkontraste
- Farbformen
- Einsatz dekorativer Farbelemente

Hier sollen Bildauffassungen und Farbgebungen einer bekannten Künstlerpersönlichkeit erkannt und in einem eigenen Bild umgesetzt werden.

**Material/Werkzeug**

1. Zeichenblock DIN A3.
2. Wasserfarben, Deckweiß, Haar- und Borstenpinsel.

**Zeitaufwand**
Maximal zwei Unterrichtsstunden.

**Kopiervorlage**
s. Anhang S. 93

**Arbeitsweise**

1. Bildbetrachtung eines typischen Hundertwasser-Bildes. Bildauffassung und Farbgebungen besprechen.
2. Anlegen wichtiger Grundformen mit wässriger Farbe. Ausmalen dieser Formen mit vielfältigen Farbmischungen, vor allem mit Schwerpunkt auf einen Komplementärfarbenkontrast, zum Beispiel rot-grün, blau-orange, gelb-violett. Farbmischungen und Abmischungen mit Deckweiß sind erforderlich!
3. Zum Schluss können die Arbeiten durch Anwenden von Gold- und Silberfarbe sowie durch Aufkleben entsprechender Folienstücke dekorativ ausgestaltet werden

# FARBFORMENMIXBILD

*Matisse. Die Trauer des Königs*

**Altersstufe**

Klasse 5 - 8

**Zielvorstellungen**

- Farbformen
- Farbkontraste

Hier sollen farbige Papiere nach individuellen Vorstellungen geschnitten und aufgeklebt werden.

**Material/Werkzeug**

1. Tonpapier oder Zeichenblock DIN A3 oder A4.
2. Tonpapierreste, farbiges Schreibmaschinen- oder Kopierpapier, Schere, Klebstoff.
3. Eventuell Cutter und Pappunterlage

**Zeitaufwand**

Maximal zwei Unterrichtsstunden.

**Arbeitsweise**

1. Eventuell Bildbetrachtung/Wahrnehmungsübung mit ähnlich gelagerter Bildauffassung bzw. Bildmotiven (z. B. Max Bill: Stabilisierte weiße Kerne u. a.), Erörterung der Farbgebung, der Herstellungstechnik und des Bildaufbaus.
2. Ausschneiden und Aufkleben möglichst einfacher geometrischer Formen. Vereinzelt können auch durch Faltungen und Einschnitte kompliziertere Farbformen entstehen.
3. Unterschiedliche Gruppierungsformen, Farb- und Formzusammenstellungen sind auf Grund unterschiedlicher Assoziationen (wildes Gelb, zackiges Blau, ruhige Quadrate, aufgeregte Dreiecke usw.) möglich.
4. Vorstellen und Besprechen einiger Arbeiten.

*Zackige, eher aggressive Formen und Farben*

*Runde, sanfte Formen und Farben*

# FARBVERÄNDERUNGEN

**Altersstufe**
Klasse 5 - 8

**Zielvorstellungen**
Starke und schwache Farbkontraste:
- Kalt-Warmkontraste
- Komplementärkontraste
- Farbe an sich Kontraste
  Hier soll eine grafische Vorlage mit gleichen Motiven durch Be- und Ausmalen farbig verändert und die jeweiligen Kontrastwirkungen beurteilt werden.

**Material/Werkzeug**
1. Kopiervorlagen DIN A3 - DIN A4.
2. Wasserfarben, kleiner Haar- oder Borstenpinsel.
3. Eventuell Deckweiß.

**Zeitaufwand**
Maximal zwei Unterrichtsstunden.

**Kopiervorlage**
s. Anhang S. 94

**Arbeitsweise**
1. Eventuell Bildbetrachtung / Wahrnehmungsübung mit ähnlich gelagerter Bildauffassung bzw. Bildmotiven (z. B. Andy Warhol: Porträts und Gegenstände in Farbvariationen), Erörterung der Farbgebung, der Herstellungstechnik und der jeweiligen Bildwirkung.
2. Kräftiges / deckendes aber auch lasierendes Ausmalen nach individuellen Vorstellungen.

Es können aber auch bestimmte Malregeln oder Farbvorgaben festgelegt werden, z. B.:
- Verwandte und unterschiedliche Farben (z.B. ein Bild nur in Gelb-Gelborange-Orange- Rotorange und Rottönen, das andere Bild mit Gelb-Rot-Blau- Orange-Violett und Grün).
- Kalte und warme Farben (z. B. ein Bild in warmen Farben, das andere mit kalten Farben).
- Komplementärfarben.
- Aufgehellte und getrübte Farben
  Viele Variationen sind möglich. Es sollten innerhalb der Klasse ähnliche und unterschiedliche Farbkombinationen entstehen.

3. Die jeweiligen Farb- und Farbkontrastwirkungen sowie die subjektiven Vorstellungen über spezielle, besonders auch unrealistische Farbgebungen, sollten erörtert werden.

# TONTIERE

**Altersstufe**
Klasse 5 - 6

**Zielvorstellungen**
- Materialtypische Eigenschaften und technische Möglichkeiten von Ton erproben
- Formen und Gestalten von Tieren aus einem Tonklumpen

**Material/Werkzeug**
1. Ton, Papp- oder Kunststoffunterlage, Plastiktüte.
2. Wassergefäß, kleines Gefäß für Schlicker (mit Wasser verdünnte breiartige Tonmasse).
3. Eventuell einfache Form- und Ritzwerkzeuge (Löffel, Pinselstil, Hölzchen usw.).

**Arbeitsweise**
1. Falls es die erste Begegnung mit Ton sein sollte, eine ca. 10minütige Experimentierphase einplanen.
2. Formen des Tieres aus einem maximal faustgroßen Tonklumpen heraus. Geeignet sind sitzende, liegende Tiere und Tiere auf dicken, stabilen Beinen. Es soll möglichst wenig angesetzt, angeschlickert werden. Von Anfang an auf Standfestigkeit achten!
3. Eventuell Formen und Anschlickern wichtiger Tierteile oder zusätzlicher Ausstattungsgegenstände.
4. Eventuell Ausgestalten der Oberfläche durch Einritzen oder Eindrücken.
5. Kompakte Tonformen können auch nur an der Luft getrocknet werden, falls möglich sollten sie jedoch gebrannt werden.

**Zeitaufwand**
Eine Unterrichtsstunde.

# EIN BESONDERER TONPOTT

**Altersstufe**
Klasse 5 - 6

**Zielvorstellungen**
- Herstellen einer Tonform mit der Würstchentechnik
- Herstellung unterschiedlicher Gefäßformen
- Ausgestalten der Grundform

**Material/Werkzeug**
1. Ton, Papp- oder Kunststoffunterlage, Plastiktüte.
2. Wassergefäß, kleines Gefäß für Schlicker (mit Wasser verdünnte breiartige Tonmasse).
3. Eventuell einfache Form- und Ritzwerkzeuge (Löffel, Pinselstil, Hölzchen usw.).

**Zeitaufwand**
Je eine Unterrichtsstunde für die Hohlform und die Ausstattung. Kann die Plastik nicht sofort vollendet werden, muss sie in einer Plastiktüte möglichst luftdicht verschlossen werden.

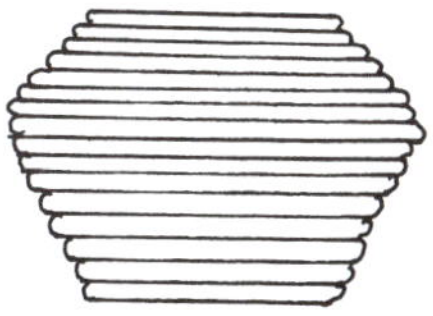

**Arbeitsweise**
1. Vorstellen des „Herstellungsprinzips" Würstchentechnik.
2. Erstes Erproben der neuen Technik durch Formen (drehen, walzen) einiger möglichst langer Tonwürstchen.
3. Vorstellen einfacher Gefäßformen (zylindrische, nach oben verengte, geweitete, bauchige oder andere Formen). Wie müssen die Würstchen gelegt werden, um diese Formen herzustellen?
4. Die Schüler entscheiden sich für eine Form. Herstellen einer runden Grundplatte mit Tonwürstchen oder als Platte aus einer kleinen Tonkugel heraus.
5. Zusammensetzen der Tonwürstchen mit Schlicker auf der Grundplatte (Figur etwa in Tassengröße).
6. Eventuell Herstellen eines Deckels aus Tonwürstchen oder einer Tonscheibe.
7. Weiteres Ausstatten der Figur zu einer Kombination Gegenstand/Figur, z. B. zu einem Schnabeltassentier, Deckeltopftier, einer Ohrwurmtasse usw.
8. Falls möglich Brennen der Figuren.

# SITZENDE UND LIEGENDE

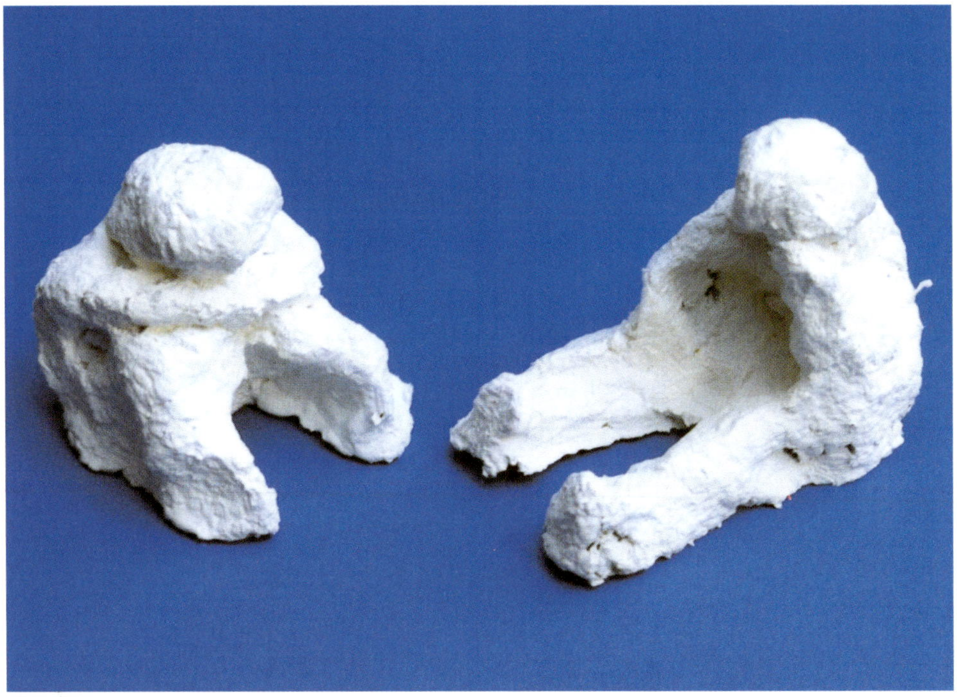

**Altersstufe**
Klasse 5 - 8

**Zielvorstellungen**
- Materialtypische Eigenschaften und technische Möglichkeiten von Papiermaché erproben
- Formen einer Figur aus einem Papiermachéklumpen

**Material/Werkzeug**
1. Papiermaché (selbst hergestellt oder gekauft), Kunststoff-, Hartfaser-, Styropor-, Pressspan- oder Sperrholzunterlage. Achtung: Pappunterlagen verformen sich stark!
2. Eventuell einfache Form- und Ritzwerkzeuge (Löffel, Pinselstil, Hölzchen usw.).
3. Eventuell weiße u. a. Dispersionsfarben, Wasserfarben, Borstenpinsel.

**Zeitaufwand**
Eine Unterrichtsstunde.

**Arbeitsweise**
1. Falls es die erste Begegnung mit Papiermaché sein sollte, eine Experimentierphase von etwa fünf Minuten einplanen.
2. Formen der Menschen oder Tiere aus einem maximal faustgroßen Papiermachéklumpen heraus. Es soll möglichst überhaupt nichts angesetzt werden, da die Teile in den seltensten Fällen halten. Es können meist nur Sitzende oder Liegende hergestellt werden, da die Standfestigkeit des Materials sehr eingeschränkt ist. Stehende Figuren müssen extrem dicke Beine haben oder ein umfassendes Gewand (Mantel, Rock o. ä.) besitzen.
3. Herstellen von Einzelfiguren wie Sitzende, Liegende, Gekrümmte, Kniende, Gebeugte, Stehende, Schlafende usw.
4. Eventuell Gestalten oder Glattstreichen der Oberflächen. Nach dem Trocknen (ca. eine Woche) kann bemalt werden.

**Variationen**
Es können auch phantastische Figuren, selbst kreierte Spielfiguren, Köpfe für Puppenspielfiguren, geometrische Formen und vor allem besondere Situationen, wie zum Beispiel Krippenfiguren, eine ruhende Tierherde, ein Lagerplatz für müde Wanderer u. ä. hergestellt werden.

# MUTTER MIT KIND

**Altersstufe**
Klasse 5 - 8

**Zielvorstellungen**
- Materialtypische Eigenschaften und Techniken erproben
- Herstellen einer Wickelplastik
- Bemalen der Plastik

**Material/Werkzeug**
1. Grundgerüst aus Grundplatte und Dachlattenstücken.
2. Blumenbindedraht, Zeitungspapier, Kleister, evtl. etwas Papiermaché (selbst hergestellt oder gekauft).
3. Weiße u. a. Dispersionsfarben, Wasserfarben, Borstenpinsel.

**Zeitaufwand**
Insgesamt mindestens drei Unterrichtsstunden.

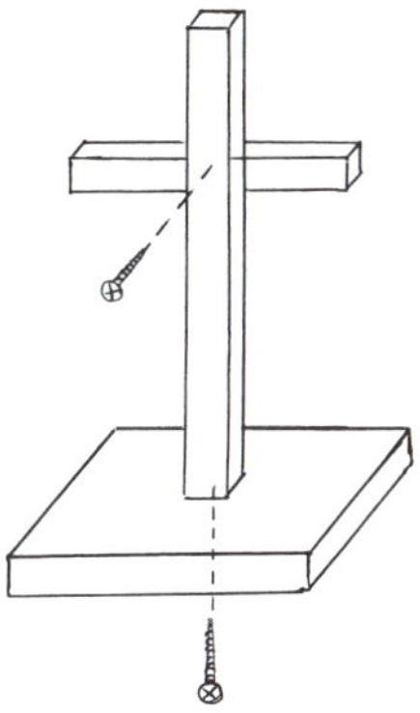

**Arbeitsweise**
1. Herstellen des Grundgerüstes durch den Lehrer oder einige Spezialisten unter den Schülern. Standplatte aus einer Pressspanplatte ca. 30 x 30 cm, Dachlatte ca. 50 cm. Durchbohren des Pressspanplattenstücks in der Mitte, Anschrauben des Lattenstücks von unten.
2. Grobes Umschlingen der Dachlatte mit zerknülltem Zeitungspapier, ab und zu Fixieren des Papiers mit Draht.
3. Ist die Grobform erreicht, wird zerknülltes Zeitungspapier in Kleister getaucht und entsprechend „angeheftet".
4. Die gesamte Figur wird mit vier bis fünf Schichten Zeitungspapierfetzen und Kleister (Kleisterpapier) eingekleidet.
5. Details können mit Papiermaché geformt und mit mindestens zwei Schichten Kleisterpapier fixiert werden. Das gleiche Verfahren kann für geringfügige Formkorrekturen angewandt werden.
6. Nach dem Trocknen (einige Tage) kann die Figur zunächst bemalt und dann mit Dekomaterialien weiter ausgestaltet werden.

**Variationen**
- Je nach technischem Geschick der Schüler können differenziertere Grundgerüstbauten eingesetzt werden. Dafür sind lediglich mehrere Dachlattenstücke, Kreuzschlitzschrauben und ein Akkuschrauber nötig.
- Es können auch reale Teile (Fundstücke, alte Puppen, mit Zeitungspapier ausgestopfte Kleidungsstücke u. ä. in die Plastik integriert werden.
- Es können in verschiedenen „Herstellungsstadien" auch Naturmaterialien (Holz- und Rindenteile, Wurzeln, Geäst, Stroh usw.) integriert werden.

# OBST UND GEMÜSE

**Altersstufe**
Klasse 5 - 10

**Zielvorstellungen**
- Materialtypische Eigenschaften und technische Möglichkeiten von plastisch verformbarem Material erproben
- Herstellen von Obst und Gemüseformen
- Bemalung und Präsentation in einem Körbchen oder einer Schale

**Material/Werkzeug**
1. Papiermaché (selbst hergestellt oder Fertigmischung), EFA-Plast oder andere Modelliermassen.
2. Feste Unterlage aus Pappe, Kunststoff oder ähnlichem.
3. Einfache Form- und Ritzwerkzeuge (Löffel, Pinselstil, Hölzchen usw.), etwas Zeitungspapier.
4. Weiße und andere Dispersionsfarben, Wasserfarben, Borstenpinsel.

**Zeitaufwand**
Eine Unterrichtsstunde für das Formen, mindestens eine Stunde für die Grundierung und Bemalung.

**Arbeitsweise**
1. Präsentieren und Erörtern der Nachbildungen von Obst und Gemüse. Besprechen der Funktionen von Nachbildungen, seiner Anwendungs- und Präsentationsbereiche, Kosten und Kaufmöglichkeiten.
2. Formen des Obstes aus unterschiedlich großen, maximal faustgroßen Klumpen heraus. Es sollte nichts angesetzt werden!
3. Glattstreichen bzw. Strukturieren der Oberflächen. Lagern der Figuren auf Zeitungspapier. Nach dem Trocknen, dasmaterialabhängig ist, von einer Stunde bis zu einer Woche, können die Figuren von der Papierunterlage gelöst, eventuell weiß grundiert und dann bemalt werden.
4. Gruppieren in einer Schale oder einem Körbchen.

**Variationen**
Herstellung und Bemalung von Mini- oder Maxi-Obst / Gemüse für bestimmte Spiel-, Ausstellungs- und sonstige Verwendungszecke.

# EXOTISCHER ZIERFISCH

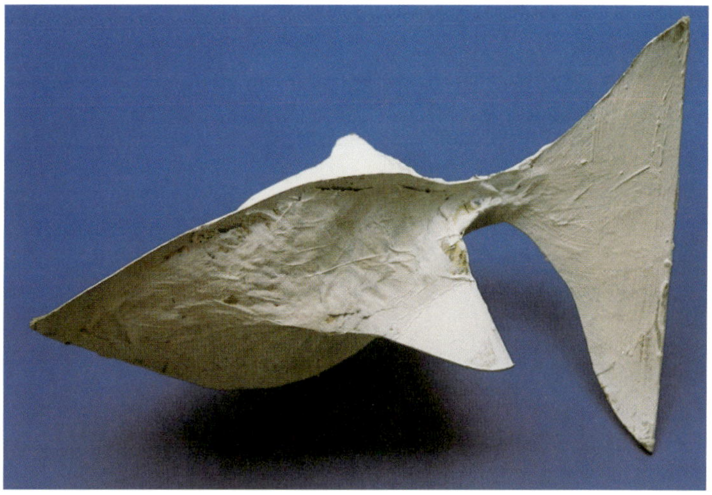

*Schülerarbeit grundiert (vor Bemalung und Ausstattung)*

**Altersstufe**
Klasse 5 - 6

**Zielvorstellungen**
- Entwickeln einer plastischen Grundform durch Zusammenstecken flächiger Pappelemente
- Plastisches Ausformen der Figur
- Dekorative Ausgestaltung

**Material/Werkzeug**
1. Karton/Pappe ca. DIN A3, Schere, evtl. Cutter, Bleistift.
2. Kleister, Zeitungspapier, etwas Papiermaché (selbst hergestellt oder gekauft).
3. Weiße und andere Dispersionsfarben, Wasserfarben, Borstenpinsel, etwas Dekomaterial (Glitter, farbige Bänder, farbige Folien u. ä.), evtl. Jumbolocher.

**Zeitaufwand**
Insgesamt circa drei Unterrichtsstunden.

**Arbeitsweise**
1. Formatfüllendes Aufzeichnen und Ausschneiden der Fischform. Einen größeren Papprest als große Seitenflossen zuschneiden.
2. In die Bauchseite der Fischfigur einen Schlitz einschneiden und soweit vergrößern, dass die Seitenflosse(n) durchgeschoben werden kann.
3. Die Seitenflosse(n) durch eingekleistertes Zeitungspapier am Fischkörper fixieren. Gleichzeitig kann der Fischkörper mit Papiermaché und Kleisterpapier noch etwas plastischer ausgeformt werden.
4. Nach dem Trocknen (einige Tage) kann die Figur zunächst bemalt und dann mit Dekomaterialien weiter ausgestaltet werden. Der Pappkarton verzieht sich beim Trocknungsprozess etwas und es ergibt sich eine Schwimmbewegung des Fisches.
5. Aufhängen des Fisches als Einzelstück oder als Ensemble im Schulgebäude.

**Variationen**
Andere Tierformen finden, die sich über Zusammenstecken von Pappelementen entwickeln lassen (z. B. unterschiedlichste Fisch und Vogelformen). Komplexere Grundformen sollten nach dem Zusammenstecken aus Stabilitätsgründen mit etwas Klebeband fixiert werden.

# GIPSMASKEN

**Altersstufe**
Klasse 5 - 10

**Zielvorstellungen**

- Herstellen von Masken als Halb-, Teil- oder Ganzgesichtsmasken in Partnerarbeit
- Farbige Fassung zur Steigerung des Ausdrucks

**Material/Werkzeug**

1. Gipsbinden, Schere, Wasserschälchen.
2. Fettcreme, Papiertücher, Handtuch.
3. Eventuell Dekorationsmaterialien (Federn, Pompons, Bänder, Stoffe, Folien).
4. Eventuell weiße Dispersionsfarbe, Wasserfarben, Borsten- und Haarpinsel.

**Zeitaufwand**
Eine Unterrichtsstunde zum „Partnergipsen", mindestens eine Stunde für die Ausstattung bzw. Bemalung.

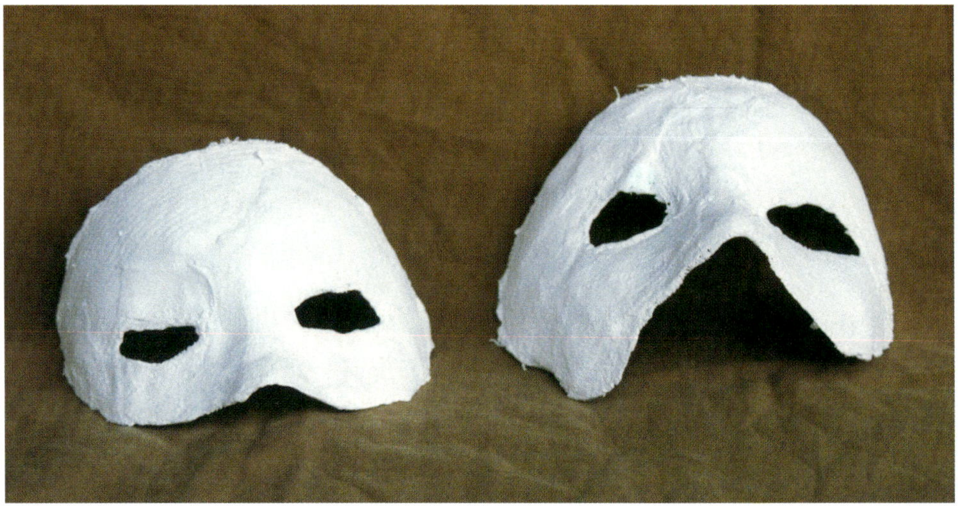

**Arbeitsweise**
1. Vorbereiten der Aktion: Zuschneiden vieler Gipsbindenstücke (2 - 3 cm breite Streifen), Wasserschale mit möglichst warmem Wasser, gründliches Eincremen des Gesichts. Evtl. kleine Folienstückchen über Augen und Augenbrauen. Sonst könnte später das Abnehmen etwas weh tun. Abdecken der Kleidung/ Haare und des Arbeitsplatzes soweit möglich.
2. Der einzugipsende Schüler nimmt eine möglichst bequeme Sitz- oder Liegehaltung ein. Der Gipsende taucht ein Gipsbindenstück kurz ins Wasser, lässt es etwas abtropfen, legt es auf das Gesicht auf und streicht es glatt.Er arbeitet so schnell und so genau er kann. In der Regel genügen zwei bis maximal drei Schichten, um eine stabile Maske zu erhalten. Nach ca. 10 bis 15 Minuten sind die Gipsbinden ausgehärtet. Erneuter Kontakt mit Wasser sollte vermieden werden.
3. Weitere Ausgestaltung durch Dekomaterialien. Zum Schluss kann die Maske (dem Typ entsprechend) einfach oder übersteigert bemalt werden.
4. Erkennen der Aussdrucksteigerung durch Typisieren, Hervorheben und Verfremden auch anhand von unterschiedlichen Maskenabbildungen.

# FRATZEN

**Altersstufe**
Klasse 5 - 7

**Zielvorstellungen**
- Herstellen eines Kopfes mit übersteigernden Gesichtszügen
- Weitere Ausdruckssteigerung durch farbige Fassung

**Material/Werkzeug**
1. Papiermaché, Pressspan-, Sperrholz- oder Hartfaserplatte mindestens DIN A4-Größe, evtl. mit einem Loch zum Aufhängen.
2. Etwas Kleister und Zeitungspapier.
3. Eventuell kleine Schachtel, Dose, Margarinebecher, Eierkarton, Styroporbruchstücke.
4. Weiße Dispersionsfarbe zum Grundieren, Wasser- oder Dispersionsfarben und Borstenpinsel.

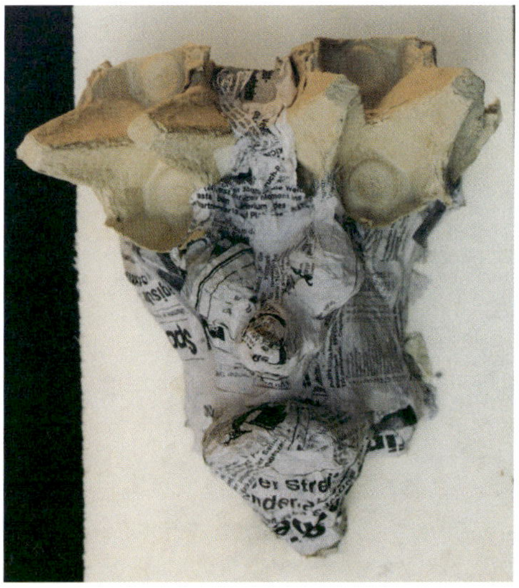

*Aufbau*

**Zeitaufwand**
Zwei Unterrichtsstunden.

**Arbeitsweise**
1. Betrachten von Dämonen, Fratzen, und Masken (Originale an Kirchen u. a. alten Gebäuden oder Abbildungen). Fragestellung: Wodurch wird ein normales Gesicht zur Fratze? Z. B. durch überproportionierte Einzelformen, durch Verzerrungen, durch Auseinanderziehen oder Komprimieren von Detailformen).
2. Formen der Fratze als Hochrelief aus einem mindestens faustgroßen Papiermachéklumpen heraus. Dabei kann vorher eine kleine Dose o. ä. als Grundform aufgelegt werden. Es sollen einige Gesichtsteile übersteigert ausgeformt werden. Zum Schluss können mit gerissenem Kleisterpapier Übergänge und Verbindungen zur Grundplatte geschaffen werden.
3. Nach dem Trocknen: Ausgestalten der Oberfläche durch einfarbige oder durch übersteigerte mehrfarbige Bemalung.

**Variationen**
- Zur Erprobung von ausdruckssteigernden Farbwirkungen können kopierte Fratzen unterschiedlich farbig ausgedeutet werden.
- Herstellen einer plastischen Modelllandschaft in Form eines Kopfes, eines Gesichts, eines Körpers oder eines Körperteils.

# KOPFHÖRER- UND MÜTZENKÖPFE

**Altersstufe**
Klasse 5 - 10

**Zielvorstellungen**
• Aufbau eines Kopfes als vollplastische Figur

**Material/Werkzeug**
1. Luftballon, Zeitungspapier, Kleister, evtl. etwas Papiermaché (selbst hergestellt oder gekauft).
2. Stück einer Verpackungsrolle aus Pappe (Länge ca. 10 bis 15 cm, Durchmesser mindestens 10 cm), etwas Klebeband.
3. Weiße u. a. Dispersions- oder Wasserfarben, Borstenpinsel.

**Zeitaufwand**
Eine Unterrichtsstunde für das Einkleistern des Kopfes, eine weitere für die Ausgestaltung des Kopfes. Mindestens eine Stunde für die Grundierung und Bemalung.

**Arbeitsweise**
1. Aufblasen des Luftballons bis circa Schülerkopfgröße, Verknoten.
2. Das verknotete Ende des Luftballons durch die Pappröhre ziehen und an deren Außenseite mit Klebeband fixieren.
3. Das gesamte Objekt mit mehreren Lagen Kleisterpapier ummanteln, es sollte jeweils gut glattgestrichen werden. Partnerarbeit ist hier sehr empfehlenswert! Die Papierschichten ergeben nach dem Trocknen eine hohe Stabilität.
4. Weiteres Ausformen des Gesichts mit etwas Papiermaché. Die Proportionen der Gesichtsteile untereinander sowie deren Lage innerhalb der Gesamtform kann zur Sprache gebracht werden. Naturgetreue Reproduktionen sind jedoch nicht beabsichtigt. Letztes Überarbeiten der angefügten Teile mit Kleisterpapier.
5. Nach dem Trocknen sollte der Kopf zunächst weiß grundiert und dann endgültig bemalt werden.

**Variationen**
Statt der Verpackungsrolle als Hals bzw. Standgerüst können auch ausgefallenere Dinge verwendet werden (z. B. Innenteil einer ausgedienten Napfkuchenform, alte Metallbettflasche u. ä.).
Zur besseren Standfestigkeit sollte der Kopf zunächst mit doppelseitigem Klebeband auf eine kleine Sperrholzplatte geklebt und anschließend mit Kleisterpapier dauerhaft befestigt werden.

# BRILLENDESIGN

**Altersstufe**
Klasse 6 - 8

**Zielvorstellungen**
- Erfahren der form- und wertsteigernden Wirkung von Dekoration
- Ausdifferenzieren einer Grundform mit Dekomaterialien

**Material/Werkzeug**
1. Elektrikerkabel ca. 60 - 80 cm Länge in unterschiedlichen Farben oder ausrangierte alte Brillengestelle vom Optiker, beziehungsweise eigene ausgemusterte Modelle ohne Gläser.
2. Pfeifenputzer in unterschiedlichen Farben, farbige Knöpfe, Holzperlen, Sternchen, farbige Transparentfolie, Bänder u.a. Dekomaterialien.
3. Drahtzange, Schere, eventuell Klebstoff und etwas Klebeband, einen größeren Spiegel.

**Zeitaufwand**
Mindestens eine Unterrichtsstunde.

**Arbeitsweise**
1. Bei Eigenproduktion des Gestells: Aussuchen eines Drahtes und Biegen des Elektrikerkabels nach Vorgabe (siehe untenstehende Skizze) zur Anfertigung eines Brillengestells.
2. Eventuell Ablängen des Drahtes.
3. Ausstatten und Dekorieren des Gestells mit den oben angegebenen Materialien.
4. Kleine Präsentation mit Musik oder Brillenmodenschau.

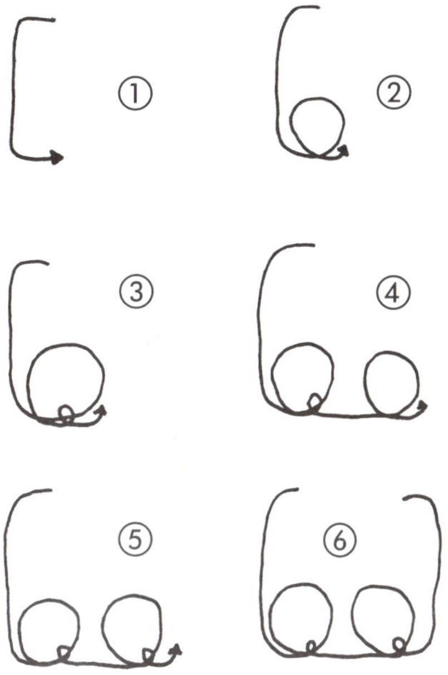

# ABENTEUERSPIELGELÄNDE

**Altersstufe**
Klasse 5 - 7

**Zielvorstellungen**

- Entwickeln von Ideen zu künstlichen Spiellandschaften
- Modellhaftes Realisieren als Flach- bzw. Hochrelief

**Material/Werkzeug**

1. Grundplatte aus Styropor, Pressspan, Hartfaser oder Sperrholz ca. DIN A3.
2. Papiermaché, Kleister und Zeitungspapier, evtl. Styroporbruchstücke.
3. Kleine Astabschnitte (Holunder- u.a. Zweige), Steine, Sägemehl, Sand, Rindenstücke u. ä.
4. Blumenbindedraht, weiße u. a. Dispersionsfarben, oder Wasserfarben, Borstenpinsel.

**Zeitaufwand**

Circa zwei Unterrichtsstunden für die Landschafts- und Spielgerätegestaltung, eine weitere für die Bemalung und endgültige Ausgestaltung.

**Arbeitsweise**

1. Auf die Grundplatte werden als Grobformen bzw. Unterbauten zerknülltes Zeitungspapier oder Styroporstücke mit Kleister geklebt und anschließend mit Papiermaché überformt.
2. In das Papiermaché werden die Naturmaterialien (Astabschnitte, Steine usw.) eingedrückt. Sand und kleine Steinchen können auf die eingekleisterte Flächen sparsam aufgestreut und etwas angedrückt werden.
3. Noch freie Flächen des Spielgeländes nach dem Trocknen bemalen.

# FREMDER PLANET

**Altersstufe**
Klasse 5 - 7

**Zielvorstellungen**

- Entwickeln von Ideen zu fremden oder künstlichen Landschaften
- Modellhaftes Formen und Bauen
- Kreative Ausstattung und Bemalung

**Material/Werkzeug**

1. Stabile Grundplatte oder stabiler Obstkarton mit dem Cutter halbieren.
2. Papiermaché, Kleister und Zeitungspapier, kleinere Schachteln, evtl. Styroporbruchstücke.
3. Silber- u. a. Glanzfolien, Glanz- und Glitzertapetenstücke, Transparentpapiere, kleinere Äste, Steine, Glimmer u. a Glittermaterialien.
4. Dispersions- oder Wasserfarben, Borstenpinsel.
5. Eventuell Phantasiefiguren aus dem Arbeitsbereich Plastik.

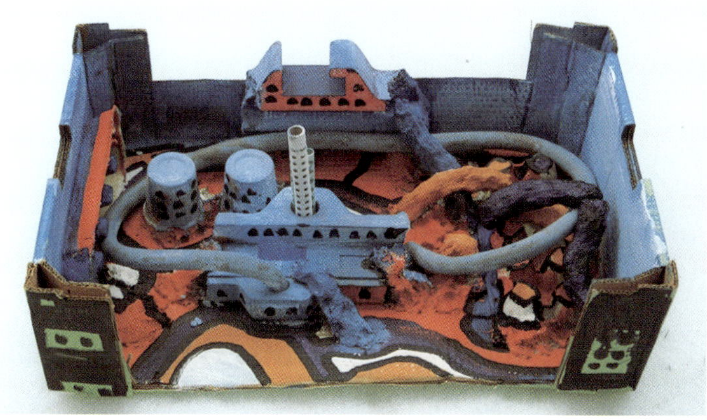

**Arbeitsweise**

1. Für den Unterbau bzw. die Grobform eignen sich Schachteln, zerknülltes Zeitungspapier oder Styroporstücke, die man mit Kleister auf die Platte bzw. in den halbierten Obstkarton klebt und anschließend mit Papiermaché und Kleisterpapier überformt.
2. Farbige Papiere, Folien werden aufgeklebt, evtl. wenige Naturmaterialien (Rindenstücke, Ästchen, Steine, Zapfen usw.) in das Papiermaché eingedrückt.
3. Noch freie Flächen der Planetenlandschaft können nach dem Trocknen bemalt und eventuell mit Glitter und anderem farbigem Streumaterial ausgestaltet werden.

**Zeitaufwand**
Circa eine Unterrichtsstunde für die Landschaftsgestaltung, mindestens eine weitere Stunde für die Bemalung und endgültige Ausgestaltung.

# BAUMHAUSBAU

**Altersstufe**
Klasse 6 - 8

**Zielvorstellungen**
- Entwickeln eines Wohnmodells durch Verbindung von Baumgerüst und Wohnkörper
- Lösen einfacher statischer Probleme

**Material/Werkzeug**
1. Ein stark verzweigter Astabschnitt, ab Verzweigung mindestens 30 cm hoch, im Herbst findet man genügend davon.
2. Eine größere leere Keksdose o. ä., Gips.
3. Blumenbindedraht, Schnüre, Klebstoff, ein- und doppelseitiges Klebeband; eine Heißklebepistole ermöglicht zügiges Arbeiten.
4. Kleine Bauteile wie Schachteln, Klopapierrollen, Styroporformteile, Korken.
5. Kleister und Zeitungspapier.
6. Farben und großer Borstenpinsel oder Spritzpistole.

**Zeitaufwand**
Mindestens zwei Stunden ohne Bemalung.

**Arbeitsweise**
1. Eingipsen des Astabschnitts in eine große Dose, einen kleinen Eimer oder in einen größeren Tonblumentopf.
2. Ausstatten des „Baumgerüstes" mit kleineren Bauteilen in verschiedenen Verbindungstechniken.
3. Bemalen oder Spritzen des gesamten Objekts oder einzelner Teile.

**Variationen**
Möglichst standfeste Konstruktionen aus Astabschnitten, Blumenbindedraht oder Schnüren:
- Pfahlbauten,
- Standfeste Klettergerüste
- Originelle Hochsitze für Tierbeobachter
- Sturmsichere Pfahlinsel

# PHANTASTISCHER TURM

**Altersstufe**
Klasse 5 - 8

**Zielvorstellungen**
- Entwickeln eines Turms aus einer Pappröhre heraus
- Stabilisierung durch weitere Bauelemente
- Ausgestaltung und Bemalungen

**Material/Werkzeug**
1. Grundplatte (Pressspan oder Sperrholz 20 x 20 cm).
2. Leere Rollen von Küchenpapier oder anderem Verpackungsmaterial, Styroporformteile, Pappe von gebrauchten Kartons.
3. Kleister, Zeitungspapier.
4. Eventuell dünne runde Schaumstoff- oder Kunststoffröhren (Isolier-/Abdichtungsmaterial), Kunststoffbecher usw.
5. Weiße Dispersionsfarbe, Wasser- oder Dispersionsfarben, großer Borstenpinsel.

**Zeitaufwand**
Mindestens 60 Minuten ohne Bemalung.

**Arbeitsweise**
1. Eine große Pappröhre oder ein sonstiges Formteil provisorisch auf der Grundplatte befestigen.
2. Dieser Grundturm wird mit zusätzlichen Teilen ausgestattet und stabilisiert, mit mehreren Lagen Kleisterpapier fixieren die Schüler die einzelnen Teile. Partnerarbeit für das Festhalten und Kleistern ist hier dringend geboten.
3. Nach dem Trocknen, das mindestens einige Tage in Anspruch nimmt, wird der Turm bemalt.

**Alternative Herstellung**
Komplizierte Konstruktionen lassen sich mit Hilfe von Heißklebepistolen schnell und relativ stabil herstellen.

# EIN GEWAGTES VORDACH

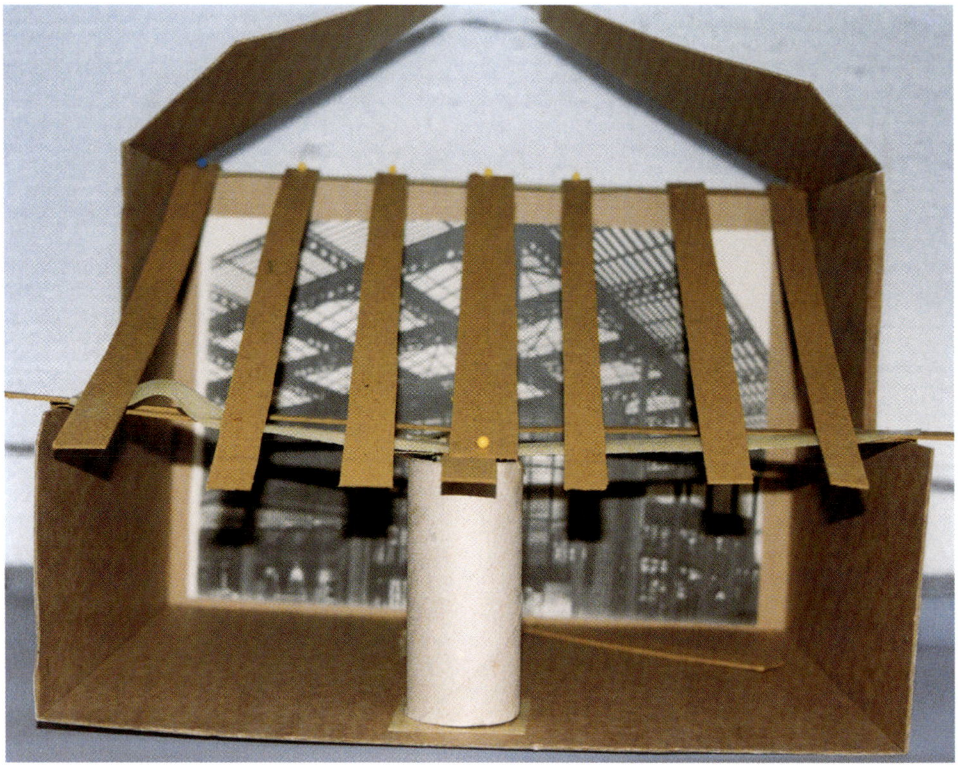

**Altersstufe**
Klasse 5 - 7

**Zielvorstellungen**
- Entwickeln eines Vordaches
- Erproben von Stütze und Last
- Modellhaftes Realisieren einer Idee

**Material/Werkzeug**
1. Schachtel mit einer Grundfläche von mindestens 40 x 30 cm.
2. Streifen aus starkem Papier, Tonpapier oder Fotokarton, Papprollen, Pappeinteilungen für Schachteln, Wellpappenstücke u. a. Pappteile, Rundstäbe, Styroporformteile usw.
3. Bleistift, Schere, Cutter, Lineal, Geodreieck, eventuell Papierschneidemaschine.
4. Klebstoff, ein- und doppelseitiges Klebeband, eventuell Heißklebepistole, etwas Blumenbindedraht.
5. Eventuell Kopien von Hausfassaden und Innenräumen.

**Zeitaufwand**
Zwei Unterrichtsstunden.

**Arbeitsweise**
1. Präparieren der Schachtel: Abschneiden der „Decke", so dass sie oben und nach vorne offen ist. Zusätzlich können auch die Seitenteile zum Teil abgeschnitten werden. Eventuell Aufkleben der Fassadenkopie.
2. Konstruktion des Vordaches durch Stütze(n) und Überdachung(en). Dabei sind viele Varianten in Konstruktion und Material möglich.

# DURCHSICHTIGE ABTRENNUNGEN

**Altersstufe**
Klasse 5 - 7

**Zielvorstellungen**
- Entwickeln kreativer Raumabtrennungen
- Modellhafte Realisierung unter Berücksichtigung einfacher statischer Probleme

**Material/Werkzeug**
1. Halbierte Schachtel oder schräggestellter Schachteldeckel, Grundfläche mindestens 40 x 30 cm.
2. Streifen aus starkem Papier, Tonpapier oder Fotokarton, Klorollen, Eierkartons, Pappeinteilungen für Schachteln u. a. Pappteile.
3. Bleistift, Schere, Cutter, Lineal, Geodreieck.
4. Klebstoff, Klebeband, doppelseitiges Klebeband.
5. Eventuell Faden, Draht, Textilien, Wolle.

**Zeitaufwand**
Mindestens eine Unterrichtsstunde.

**Arbeitsweise**
1. Das Problem von Abtrennungen stellt sich in verschiedenen Bereichen: Balkon- und Terrassenabtrennungen, durchsichtiger Sichtschutz, Zimmerabtrennungen, Raumteiler usw. Dieses Problem wird modellhaft mit unterschiedlichen Materialien angegangen.
2. Grundlage ist eine Schachtel in die eine durchsichtige Trennwand eingebaut wird. Dabei können gleichmäßig geschnittene (geknickte/gefaltete) Papierstreifen, ganze oder halbierte Klorollen sowie vorgefertigtes Pappverpackungsmaterial verwendet werden.
3. Es können auch verschiedene „Bauebenen" und Überecklösungen entstehen. Auf jeder „Bauebene" muss für ausreichende Stabilität gesorgt werden.
4. Variationen ergeben sich aus den unterschiedlichen Materialien und den angewandten Konstruktionen.

**Variationen**
Zusätzlich zu den durchsichtigen Abtrennungen können modellhaft Vorhänge, Ziehharmonikaläden, Rolläden, Falt- und Schiebewände entwickelt werden.

# BAUWERKE

**Altersstufe**
Klasse 5 - 6

**Zielvorstellungen**
- Pappkantendruck
- Kombinierte Mehrfachabdrücke eines Druckstempels
- Herstellen bildnerischer Situationen und Ordnungen

**Material/Werkzeug**
1. Schreibmaschinenpapier weiß oder getönt bzw. Zeichenblock DIN A4 bis DIN A3.
2. Pappstücke (z. B. Zeichenblockkarton, Wellpappe).
3. Schere, Papierschneidemaschine.
4. Borstenpinsel, Wasser-, Dispersions- oder Temperafarben.

**Arbeitsweise**
1. Herstellen der „Papp-/Kartonstreifen" als Stempel (ca. 2 - 6 cm lang und mindestens 3 cm breit, um sie gut halten und handhaben zu können). Die Druckkante sollte gerade geschnitten sein.
2. Einfärben der Druckkante mit dem Pinsel und Flüssigfarbe. Eventuell kann auch ein „Stempelkissen" aus einem flachen Schaumstoffschwamm in einer Kunststoffschale hergestellt werden.
3. Abdrucken der eingefärbten Kante. Es kann auch mehrmals abgedruckt werden, wobei die Farbintensität immer mehr abnimmt.
4. Zunächst erprobendes, experimentelles Drucken, dann Finden von Möglichkeiten, mit dieser Technik spezielle Motive darzustellen. Sammeln der Motivvorschläge und Umsetzen eines oder mehrerer Vorschläge.

**Zeitaufwand**
Mindestens eine Unterrichtsstunde.

**Variationen I**
Im Motivbereich
- Kühne Autobahn- oder Zugbrücke
- Hängebrücken
- Pfahldorf
- Hafenlandschaft mit Kränen
- Superklettergerüst
- Waldabenteuerspielplatz
- Eingerüstete Bauwerke
- Türme (Eiffelturm)
- Kartenhaus
- Kristalline Formen
- Fallende Teile (Bewegungen sichtbar machen)

**Variationen II**
Im Druckstockbereich
Neben unterschiedlich langen Pappkanten können auch doppelte Pappkanten, Wellpappkanten, gebogene Pappkanten und zur weiteren Ausgestaltung kleinere Holz-, Kunststoff- oder Metallteile als Druckstöcke eingesetzt werden.

# TIERHERDE

**Altersstufe**
Klasse 5 - 6

**Zielvorstellungen**
- Entwickeln einer Figur als Stempelmotiv
- Bildgestaltung durch mehrfache Abdrucke
- Gestaltungsprinzipien sind Streuung, Häufung / Ballung

**Material/Werkzeug**
1. Zeichenblock DIN A3 bzw. A4, Schreibmaschinenpapier weiß oder getönt oder Seiten aus Tapetenmusterbüchern.
2. Pappstücke, Holzklötzchen, Klebstoff oder doppelseitiges Klebeband. Alternativ: Moosgummi, Depron (geschäumte styroporartige Untertapete) u. a.
3. Schere, eventuell Cutter.
4. Borstenpinsel, Wasser-, Dispersions-, Tempera- oder wasserlösliche Druckfarben, eventuell schwarzer Wachsstift oder Ölkreide.

**Zeitaufwand**
Mindestens eine Unterrichtsstunde.

**Arbeitsweise**
1. Motiverarbeitung: Tierherden im Zoo, in freier Wildbahn, auf landwirtschaftlichen Anwesen, an Deichen usw.
2. Herstellen eines Druckstocks oder mehrerer Druckstöcke. Eine Pappfigur wird zugeschnitten und auf ein Holzklötzchen geklebt, um sie besser handhaben zu können.
3. Möglichst gleichmäßiges Einfärben der Druckfläche mit dem Pinsel und der Flüssigfarbe. Eventuell kann auch ein „Stempelkissen" aus einem flachen Schaumstoffschwamm hergestellt werden.
4. Abdrucken der eingefärbten Fläche. Es kann auch mehrmals abgedruckt werden, wobei die Farbintensität immer mehr abnimmt. Die sattgedruckten Tiere scheinen weiter vorne zu stehen als die schwach gedruckten. Darstellen einer Situation durch unterschiedliche Anordnungen und gegebenenfalls durch zusätzliches Zeichnen mit Stiften. Verunglückte Abdrucke sollten noch einmal überdruckt und nicht nachgemalt werden!

**Variationen**
- Aufeinander Abstimmen mehrerer Tiere und Austauschen von Druckstöcken zum Beispiel innerhalb eines Gruppentisches.
- Drucken von vielfältigen Situationen in Partner- oder Gruppenarbeit auf großformatigen Pack- oder Makulaturpapieren.

# KAMPF UM DEN BALL

**Altersstufe**
Klasse 6 - 10

**Zielvorstellungen**
- Räumlichkeit durch Mehrfachabdrucke
- Gruppierung, Überschneidung, Staffelung

**Material/Werkzeug**
1. Karton, Schere, Holzklötzchen, unterschiedliche Abbildungen von Spielern einer Sportart aus der Tages- oder Sportzeitung.
2. Klebstoff, etwas doppelseitiges Klebeband.
3. Schwarze o. a. Wasserfarben, Dispersionsfarben, Borstenpinsel oder wasserlösliche Druckfarbe und kleine Walze.
4. DIN A3-Blatt weiß oder getönt.
5. Bildbetrachtung von Grafiken und Druckgrafiken über Overhead-Projektor oder Kopien und/oder Sportfotografien.

**Zeitaufwand**
Mindestens 90 Minuten.

**Arbeitsweise**
1. Auswählen und grobes Ausschneiden von ein bis drei kleineren Sportlerfiguren. Aufkleben des Bildes auf den Karton und genaues Ausschneiden der Figur. Die Druckstöcke werden auf Hölzklötzchen geklebt.
2. Wird eine Schablone zweimal ausgeschnitten, hat man einen spiegelbildlichen Druckstock.
3. Einfärben der Druckstöcke mit Wasser- o. a. Farben und Abdrucken an gewünschten Stellen. Mehrfachabdrucke sind möglich.
4. Gegenseitiges Austauschen von Druckstöcken ermöglicht spannende Sportszenen.

# EXPERIMENTELLER STEMPELDRUCK

**Altersstufe**
Klasse 5 - 6

**Zielvorstellungen**
- Erkundung der Abdruckmöglichkeiten unterschiedlicher Materialien und Gegenstände
- Kombination unterschiedlicher Stempel

**Material/Werkzeug**
1. Zeichenblock, Tonpapier, Kalender- oder Illustrierten- u. a. Bilder ca. DIN A3 bis A4 für eine anregende, abwechslungsreiche Druckunterlage.
2. Verschiedenste Stempel, vom Weinkorken über den Radiergummi bis zu Stempeln aus dem Spielzeug-, Hobby- und Heimwerkerbereich. Zum Beispiel Lego- und Duploteile, Kreuzschlitz- u. a. Schrauben, Muttern u. a. technische und nichttechnische Teile.
4. Stempelkissen und/oder Wasser-, Dispersions- oder Temperafarben, dünner Schaumstoff, flache Schale, eventuell Borstenpinsel.

**Zeitaufwand**
Mindestens eine Unterrichtsstunde.

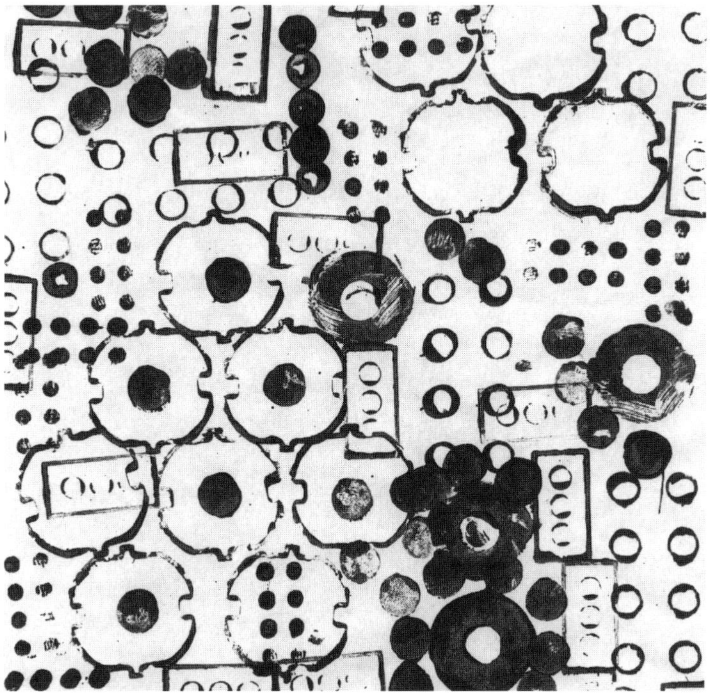

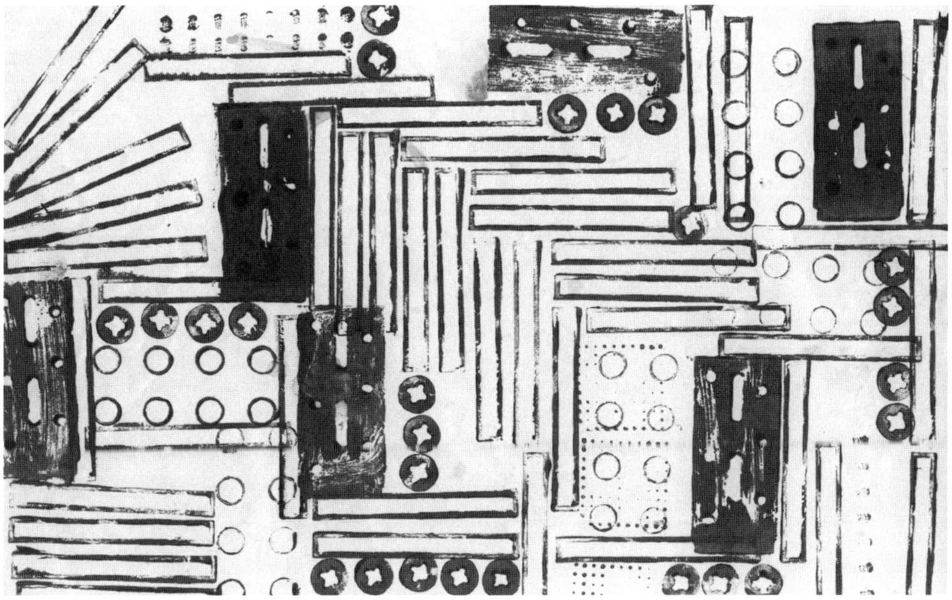

**Arbeitsweise**
1. Experimentierphase mit einem möglichst großen Materialangebot, der eine Sammelaktion von Lehrer und Schüler vorangeht.
2. Auswählen der Druckstöcke.
3. Einfärben der Druckfläche. Abdrucken der eingefärbten Fläche. Es kann auch mehrmals abgedruckt werden, wobei die Farbintensität immer mehr abnimmt.
4. Nach einer völlig offenen Experimentierphase sollten die Erfahrungen in die Darstellung einer Situation einmünden. Mögliche Assoziationen: Abfallhaufen, Materiallager, So ein Durcheinander, Die Ordnung ist noch nicht ganz wiederhergestellt, Drunter und Drüber u. ä. Gegebenenfalls kann durch zusätzliches „Hineinzeichnen" eine Assoziation konkretisiert werden.

# WALZENDRUCK

**Altersstufe**
Klasse 5 - 6

**Zielvorstellungen**
- Drucken mit und durch Walzen
- Experimenteller Umgang mit Walzen und Reliefstrukturen

**Material/Werkzeug**
1. Zeichenblock, Schreibmaschinenpapier weiß oder farbig, dünnes Tonpapier ca. DIN A3 bis A4.
2. Verschieden strukturierte Materialien (Pappstücke, Wellpappe, Gewebe, Strukturtapeten, Schnüre, Kämme, Küchenreiben, Raspeln u. ä.), Schere, Pappunterlage ca. DIN A3 und doppelseitiges Klebeband.
3. Glas- oder Kunststoffplatte, Walze und wasserlösliche Druckfarbe.

**Zeitaufwand**
Mindestens eine Unterrichtsstunde.

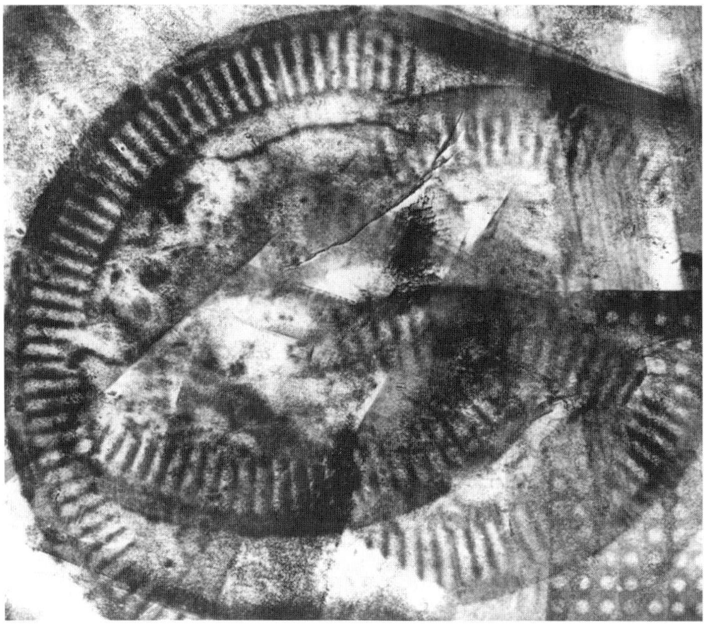

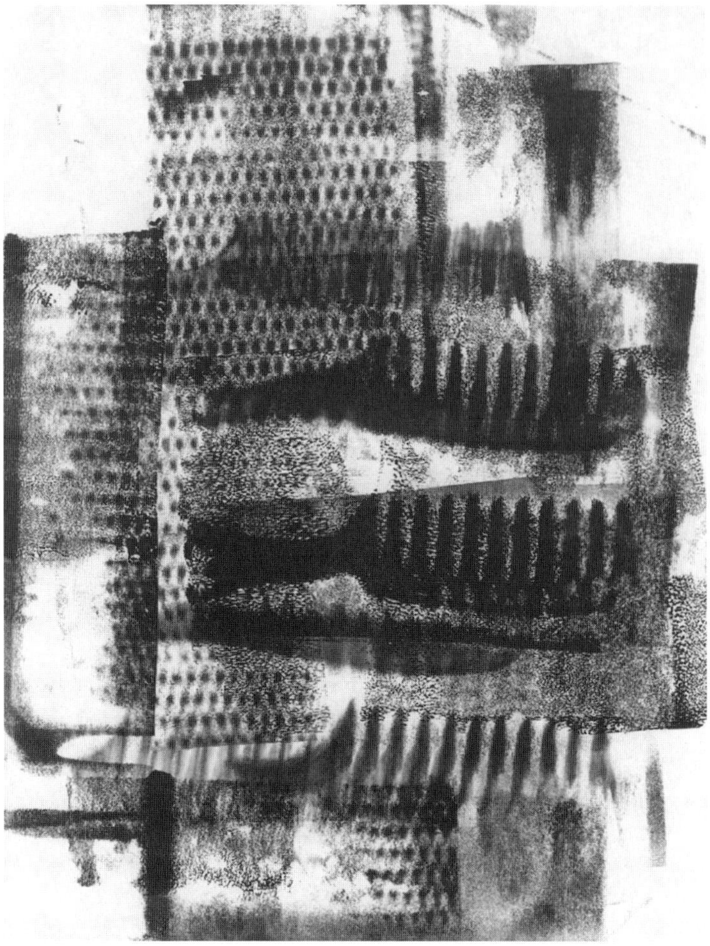

**Arbeitsweise**
Experimenteller Ansatz durch Erproben unterschiedlicher reliefartiger Materialien und Gegenstände. Es können auch Materialien ausgewählt, gegebenenfalls zugeschnitten und auf Karton aufgeklebt werden.
1. Einfärben der Walze. Auflegen und Andrücken des Papiers auf den „Druckstock" und Überrollen mit einer eingefärbten Walze. Mehrfaches Abrollen der Walze auch mit unterschiedlichen Farben ist möglich.
2. Variationen durch versetztes Auflegen des Papiers bzw. durch Verändern der „Druckvorlage".

**Querverweis**
Frottage (Bereich Grafik und Bereich Farbe)
Abwalzen von Strukturen und Flächen (Malweisen)

# DRUCKEN MIT NATURMATERIALIEN

**Altersstufe**
Klasse 5 - 6

**Zielvorstellungen**
- Experimentelles Drucken mit Naturmaterialien
- Situationsgemäße oder freie Kombination verschiedener Abdrücke

**Material/Werkzeug**
1. Zeichenblock, Schreibmaschinenpapier weiß oder farbig, dünnes Tonpapier ca. DIN A3 bis A4.
2. Verschiedene Naturmaterialien mit strukturierter Oberfläche wie Rindenstücke, Blätter, Holzstücke, Baumabschnitte, Zapfen und andere Früchte bzw. Samen, Textilien, Fellreste usw.
3. Dispersions-, Wasser- oder Temperafarben, wasserlösliche Druckfarbe, großer Borstenpinsel.
4. Eventuell Walze.

**Zeitaufwand**
Mindestens eine Unterrichtsstunde.

**Querverweis**
(vgl. Stempeldruck)

**Arbeitsweise**
1. Sammeln und Auswählen unterschiedlicher Naturmaterialien.
2. Einfärben der Oberfläche mit dem Borstenpinsel. Abdrucken der eingefärbten Flächen durch Auflegen und Andrücken des Papiers bzw. durch Abrollen oder Abdrücken des Materials .
3. Eventuell Abrollen eines flachen Gegenstands mit einer eingefärbten Walze.
4. Kombinieren eines Materials oder mehrerer Materialien zu einem Bild.

# ABDRUCKE TEXTILER MATERIALIEN

**Altersstufe**
Klasse 5 - 6

**Zielvorstellungen**
- Experimentelles und gezieltes Drucken mit textilen Materialien

**Material/Werkzeug**
1. Zeichenblock, Schreibmaschinenpapier weiß oder farbig, oder dünnes Tonpapier ca. DIN A3 bis A4.
2. Verschiedene strukturierte Materialien (Gewebe, Geflechte, Netze u. ä. aus Textilien, Draht oder Kunststoff), Schere, eventuell Pappunterlage und doppelseitiges Klebeband.
3. Glas- oder Kunststoffplatte, Walze und wasserlösliche Druckfarbe und / oder Flüssigfarben wie Dispersions- oder Temperafarben, Borstenpinsel, kleines Gefäß.
4. Druckwalze.
5. Eventuell Ergänzung des Drucks (Druckstempel).

**Zeitaufwand**
Mindestens eine Unterrichtsstunde.

**Arbeitsweise**
1. Auswählen und gegebenenfalls Zuschneiden der Materialien, eventuell Aufkleben auf Karton.
2. Einfärben der Oberfläche mit eingefärbter Walze oder durch Eintauchen des Geflechts in Farbflüssigkeit. Drucken durch Auflegen und Andrücken des Papiers mit einer Walze bzw. durch Verwendung einer Druckwalze.
3. Eventuell Ergänzung/Weiterführung des Druckergebnisses durch Stempeldruck.

**Variationen**
Da sich textile Flächen manchmal schwer direkt einfärben lassen, empfiehlt sich folgendes:
1. Eine Plexiglasplatte mit der Walze einfärben.
2. Textilstück darauflegen.
3. Mit einem Papier abdecken und abrollen.
4. Das so eingefärbte Textilstück abnehmen und auf einem anderen Blatt abdrucken.
5. Auch die Platte kann nochmals abgeklatscht werden (Negativform Textil).

# RUINENSTADT

**Altersstufe**
Klasse 5 - 10

**Zielvorstellungen**
- Räumlichkeit durch Mehrfachabdrucke
- Bildaufbau durch Überschneidung, Staffelung und oder Groß-Klein-Kontraste

**Material/Werkzeug**
1. Depron (geschäumte Untertapete), Styroporplatte oder Pappe, Schere, Holzklötzchen.
2. Etwas doppelseitiges Klebeband.
3. Schwarze Dispersionsfarbe, Borstenpinsel, alternativ wasserlösliche Druckfarbe und Walze.
4. Papier DIN A3 bis A4, weiß oder getönt.
5. Bildbetrachtung/Wahrnehmungsübung (OHP/Folie, Kopie).

**Zeitaufwand**
Mindestens eine Unterrichtsstunde.

**Arbeitsweise**
1. Abbrechen bzw. Aus- und Zuschneiden einiger kleiner und größerer Depron- oder Styroporstücke für die Ruinen- und Landschaftsdarstellung. Die flachen Druckstöcke werden mit doppelseitigem Klebeband auf ein Hölzklötzchen geklebt und können leicht ausgetauscht werden. Weitere Gebäudeteile werden mit den Holzklötzchen gedruckt.
2. Einfärben der Druckstöcke. Durch Abdrucken an verschiedenen Stellen werden Landschaft und Ruinen aufgebaut. Es sollen auch kleinere Flächen ausgespart werden, also weiß bleiben. Mehrfachabdrucke sind möglich.
3. Weitere Ausdeutungen der Landschaft mit Depronkanten (Masten, Absperrungen, Zäune, Bäume usw.) sind möglich.

**Variationen**
- Tropfsteinhöhle
- Felsformationen
- Aufgewühlte See
- Waldstück
- Strandszene mit Sonnenschirmen

# PAPPDRUCK

**Altersstufe**
Klasse 5 - 8

**Zielvorstellungen**

- Erproben druckgrafischer Möglichkeiten und Techniken
- Erfahren der Reproduzierbarkeit eines Motivs
- Pappdruck als Hochdruck
- Einzelmotive und formatfüllende Motive

**Material/Werkzeug**

1. Zwei Pappen DIN A4 bis maximal A3-Format, eventuell Bildvorlagen, Bleistift.
2. Schere und Cutter, Klebstoff, eventuell Lineal.
3. Wasserlösliche Druckfarbe, Kunststoff- oder Glasplatte, Walze.
4. Papiere zum Drucken (weiß oder farbig).
5. Druckwalze, Papier, Pappe

**Zeitaufwand**
Zwei bis drei Unterrichtsstunden.

**Arbeitsweise**

1. Auswahl eines Motivs. Aufzeichnen der Figuren/Formen auf Pappe. Ausschneiden der Bildteile, die gedruckt werden sollen. Die nicht gedruckten weißen/hellen Bildteile müssen mit bedacht werden.
2. Anordnen und Aufkleben der Bildteile auf die Pappunterlage.
3. Farbe aufwalzen. Jetzt ist die Hell-Dunkel-Verteilung erkennbar, aber es können noch erforderliche Korrekturen vorgenommen werden.
4. Farbe aufwalzen, Blatt auflegen, in Partnerarbeit drucken oder mit sauberer Walze abrollen.

**Variationen**

- Eine einfache Variante des Pappdrucks ist das Drucken eines einzelnen Motivs (z. B. der Umriss der eigenen Hand, ein Teddy oder ein anderes Motiv).
  Die Druckschablone wird ausgeschnitten und auf die linke Seite eines in der Mitte gefalteten dünnen Kartons geklebt.
  Der Karton wird zugeklappt, die Grobumrisse des Motivs mit Bleistift umfahren, dann ausgeschnitten und der Karton wieder aufgeklappt.
  Jetzt wird das Motiv mit Druckfarbe eingewalzt, der Karton zugeklappt, ein Blatt aufgelegt und mit einer sauberen Walze abgerollt.
  Dieses Verfahren ermöglicht ein sauberes Arbeiten ohne störende Farbschmierflecken.
- Eine weitere Alternative ist der Frottagedruck Auf den bereits vorhandenen, nicht eingefärbten Druckstock wird ein sauberes Blatt aufgelegt und mit einer eingefärbten Walze frottageartig Bahn für Bahn abgerollt. So entsteht ein seitenrichtiger Abdruck der Vorlage.

## WEISSLINIENSCHNITT

**Altersstufe**
Klasse 5 - 8

**Zielvorstellungen**

- Erproben druckgrafischer Möglichkeiten und Techniken
- Erfahren der Reproduzierbarkeit eines Motivs
- Hochdruck (Linoldruck als Weißlinienschnitt)

**Material/Werkzeug**

1. Linolplatte im DIN A5 bis maximal A4-Format, eventuell Bildvorlagen, Filzstift.
2. Schneidewerkzeuge (Linolbesteck), eventuell Anlegerahmen und Pflaster falls Verletzungen auftreten.
3. Wasserlösliche Druckfarbe, Kunststoff- oder Glasplatte, Walze.
4. Papiere zum Drucken (weiß oder farbig).
5. Druckwalze, Pappe.

**Zeitaufwand**
Mindestens zwei Unterrichtsstunden.

**Arbeitsweise**

1. Ein Linolschnitt muss vorgedacht und geplant werden. Beim relativ einfachen „Weißlinienschnitt" ist es hilfreich, eine Filzstiftskizze anzulegen oder die dunklen Linien (bzw. Flächen) mit dem Filzstift auf die Linolplatte zu zeichnen.
2. Bearbeiten der Oberfläche nach dieser Skizze. Dabei sollte die Verletzungsgefahr minimiert werden. Mit einer Hand wird die Platte festgehalten, die andere Hand hält das Werkzeug und führt das Schneidegerät von Körper und Hand weg.
3. Farbe aufwalzen, Blatt auflegen, in Partnerarbeit drucken.

# FLÄCHEN- UND WEISSLINIENSCHNITT

**Altersstufe**
Klasse 5 - 8

**Zielvorstellungen**
- Erproben druckgrafischer Möglichkeiten und Techniken
- Erfahren der Reproduzierbarkeit eines Motivs
- Hochdruck als Flächen- und Weißlinienschnitt

**Material/Werkzeug**
1. Linolplatte DIN A5 bis maximal A4-Format, eventuell Bildvorlagen, Filzstift.
2. Schneidewerkzeuge (Linolbesteck), falls erforderlich Anlegerahmen.
3. Wasserlösliche Druckfarbe, Kunststoff- oder Glasplatte, Walze.
4. Papiere zum Drucken (weiß oder farbig).
5. Druckwalze, Pappe.

**Zeitaufwand**
Mindestens zwei Unterrichtsstunden.

**Arbeitsweise**
1. Auch beim „Flächenlinolschnitt" muss das Motiv im vorhinein feststehen und es ist hilfreich, eine Skizze oder einen einfachen Scherenschnitt als Vorlage zu nutzen. Die dunklen Flächen der Skizze mit dem Filzstift auf die Linolplatte zeichnen. Als weitere Vorübung könnte ein Pappdruck vorgeschaltet werden, bei dem der Grund weiß und die erhabenen Flächen aufgeklebt und schwarz gedruckt werden (siehe auch Pappdruck).
2. Bei der Bearbeitung der Oberfläche anhand der Skizze sollte die Verletzungsgefahr möglichst gering gehalten werden. Erneuter Hinweis für den Schüler: Mit einer Hand die Platte festhalten und mit der anderen Hand das Schneidegerät vom Körper und Hand wegführen.
3. Farbe aufwalzen, Blatt auflegen, in Partnerarbeit drucken.

**Motivbeispiele**
Einfach gestaltete menschliche Figuren (Clown, Harlekin, Pierrot), Tierfiguren (Kuh, Pferd, Panda), Spielbretter mit Figur(en), Naturlandschaften, bebaute Umwelt.

# GESCHENKPAPIERE

**Altersstufe**
Klasse 5 - 8

**Zielvorstellungen**
- Bewusste Gestaltung alltäglichen Gebrauchsmaterials
- Herstellen von Geschenkpapieren

**Material/Werkzeug**
1. Handelsübliche Geschenkpapiere und gebrauchte Reste.
2. Weiße oder getönte Packpapiere oder Makulaturpapiere.
3. Vorgefertigte und selbsthergestellte Druckstempel und Schablonen, Walze.
4. Wasserfarben, Borstenpinsel, Malerpinsel, wasserlösliche Druckfarben, Dispersions- oder Temperafarben.
5. Kunststoffplatte zum Auswalzen der Druckfarbe.

**Zeitaufwand**
In einer Unterrichtsstunde können mindestens zwei Geschenkpapiere hergestellt werden.

**Arbeitsweise**
1. Betrachten und Untersuchen handelsüblicher Geschenkpapiere: Motive für spezielle Anlässe, Farbgebungen, Muster, Ordnungsprinzipien u. ä.
2. Auswahl von Anlässen, Sichten des Materials und des Werkzeugs. Es sind unterschiedliche Vorgehensweisen möglich: Spontanes ungegenständliches Malen mit großem Borsten- oder Malerpinsel, Abwalzen eingefärbter kleiner Druckwalzen, Drucken mit Stempeln, Durchtupfen von Schablonen usw. (eventuell „Stationenbetrieb").
Dabei gleichmäßige oder zufällige Verteilung der Figuren auf der Bildfläche, eventuell zusätzliches flächiges Malen mit und ohne Motivstellungen.
3. Geschenkpapierausstellung ergänzt durch mitgebrachte handelsübliche Geschenkpapiere. Zuordnen der Geschenkpapiere für bestimmte Anlässe.

**Variationen**
Statt großformatiger Geschenkpapiere können auch kleinerformatige Briefpapiere, Briefumschläge, Postkarten, Einladungen u. ä. gestaltet werden.

# UNSERE KLASSE

**Altersstufe**
Klasse 5 - 6

**Zielvorstellungen**
- Fotografische Dokumentation von Personen und schulischen Ereignissen
- Vermittlung fotografischer Grunderfahrungen
- Bildaussagen, Wahl des Bildausschnitts

**Material/Werkzeug**
1. Farbfilme, einfache Kleinbildkameras.
2. Entwicklung durch Fotolabor (Sonderangebote beachten!).
3. Tonpapier oder großformatiges Fotoalbum.
4. Schere, Klebstoff, eventuell Cutter, Papierschneidemaschine.

**Zeitaufwand**
Richtet sich auch nach der Dauer der zu fotografierenden Ereignisse. Partnerporträts dauern nur wenige Minuten.

*Gefährliche Aktivitäten und die Folgen*

**Arbeitsweise**
Die Arbeits- und Vorgehensweise richtet sich in erster Linie nach der Anzahl der zur Verfügung stehenden Kameras.

Wenn nur ein Fotoapparat zur Verfügung steht, kann jeweils eine kleine Schülergruppe ein schulisches Ereignis fotografieren, während die anderen ihrer „normalen" Arbeit nachgehen.

Ähnliches gilt für das gegenseitig aufgenommene „Partnerporträt". Die gelungensten, lustigsten oder interessantesten Bilder werden ausgewählt, in das Klassenalbum oder auf größere Tonpapiere geklebt, eventuell mit Datum und erläuternden Kurztexten versehen.

Die Beschäftigung der nicht fotografierenden „Restklasse" kann natürlich auch den Bereich Fotografie umfassen. Zum Beispiel Aufspüren, Ausschneiden, Sammeln und Aufkleben von Zeitungs- und Illustriertenfotos zu bestimmten Bereichen (Sportfotografie, Politiker in Szene gesetzt, Musik- und Kulturszene, fotografische Dokumentation regionaler Kleinereignisse).

**Kopiervorlage**
siehe Anhang
Seite 95/96

# EIN DENKMAL

**Altersstufe**
Klasse 6 - 8

**Zielvorstellungen**

- Die Bildvielfalt eines Motivs soll durch unterschiedliche Standorte, Entfernungen, Perspektiven und Beleuchtungsverhältnisse erfahren werden.
- Fotografische Gestaltungsmittel wie Bildausschnitt, Perspektive sowie Licht und Beleuchtung stehen im Mittelpunkt der Erprobung.

**Material/Werkzeug**

1. Farbfilme, einfache Kleinbildkameras.
2. Entwicklung durch Fotolabor (Sonderangebote beachten!).
3. Tonpapier oder großformatiges Fotoalbum.
4. Schere, Klebstoff, evt. Cutter, Papierschneidemaschine.

**Zeitaufwand**
Richtet sich auch nach der Anzahl der zu fotografierenden Situationen, Örtlichkeiten und sonstigen Verhältnissen (Wetter, Beleuchtung). Eine Stunde pro Kleinstgruppe sollte in der Regel für die Aufnahmen ausreichen.

*Aus großer Entfernung*

*Ziemliche nahe davor*

*Ein Ausschnitt/Detail*

**Arbeitsweise**
Auch hier richtet sich die Vorgehensweise zunächst nach der Anzahl der zur Verfügung stehenden Kameras. Hinzu kommen besondere örtliche Gegebenheiten sowie die Nutzung außerschulischer Veranstaltungen wie z. B. Lerngänge oder Wandertage.
In diesem Rahmen können besondere fotografische Aufgaben vorbesprochen, mündlich oder schriftlich erläutert und die Arbeiten aufgeteilt werden.
Partnerarbeit oder Kleingruppenarbeit ist sinnvoll und bei speziellen Aufgaben notwendig. Die Ergebnisse werden in der Gruppe zusammengestellt, kommentiert und präsentiert.
Eine Veröffentlichung gelungener Arbeiten in der Schulerzeitung, im Gemeindeblatt oder in der regionalen Presse wäre sehr wünschenswert.

**Variationen**
Neben der fotografischen Erfassung des Denkmals können je nach Denkmal auch weitere Aktivitäten und Aufnahmen treten:

- „Denkmalbesetzung" durch Mitschüler.
- Einbeziehen von Passanten und Besuchern sowie deren Reaktionen auf das Denkmal
- Nachstellung der Figuren bzw. Szenen durch Mitschüler, eventuell mit gleichen oder anderen Requisiten
- Nachbearbeitung einer vergrößerten Denkmalaufnahme durch Fotomontage / Fotokopie.

# ICH ALS STAR

**Altersstufe**
Klasse 5 - 8

**Zielvorstellungen**

- Herstellen einer Bildmontage, bei der das Gesicht oder der Kopf eines Stars durch das eigene Gesicht bzw. den eigenen Kopf überklebt wird.

**Material/Werkzeug**

1. Ein Foto aus Zeitschriften oder Zeitungen, ein Porträtfoto von sich selbst.
2. Eventuell Kopiergerät, auch zum Vergrößern.
3. Schere, Klebstoff.
4. Eventuell Tonpapier DIN A4.

**Zeitaufwand**
Eine Unterrichtsstunde.

**Arbeitsweise**

1. Sammeln und Ausschneiden gewünschter aber auch geeigneter Bilder, d.h.Größe und Position des Kopfes sollten einigermaßen übereinstimmen.
2. Eventuell Kopieren der gesammelten „Klassenköpfe", wenn mehrere Bildmontagen erstellt werden sollen. Gut geeignet ist ein Kopiergerät, das auch vergrößern bzw. verkleinern kann.
3. Aufkleben des ausgeschnittenen Gesichtes / Kopfes.
4. Die Arbeiten können auf Tonpapier geklebt und eventuell mit Kommentaren versehen ein etwas anderes „Klassenporträt" darstellen.

**Hinweis**
Bei Bedarf können und sollen auch gezielt eigene Porträtfotos hergestellt werden, bei der bereits die erforderliche Haltung und der gewünschte Gesichtsausdruck eingenommen wird. Der Zeitrahmen zur Bearbeitung erweitert sich allerdings und es kommen zusätzliche Filmkosten hinzu.

# EIN RAHMEN FÄLLT IN DAS BILD

**Altersstufe**
Klasse 6 - 10

**Zielvorstellungen**

- Experimentieren mit Bildausschnitten
- Wirkungen und Bedeutungsveränderungen durch Bildausschnitte

**Material/Werkzeug**

1. Große Farb- und Schwarz-Weiß-Fotos aus Illustrierten und Tageszeitungen.
2. Schwarzes Tonpapier Postkartenformat oder kleiner, Rahmenbeispiele aus Katalogen und Schnippelbüchern, eventuell Kopiergerät.
3. Bleistift, Lineal, Pappunterlage, Cutter.
4. Schere, Klebstoff, evtl. Holzfarbstifte.

**Zeitaufwand**
Eine Unterrichtsstunde.

**Arbeitsweise**

1. Erörtern und Vergleichen von Fotos (Folie / OHP) hinsichtlich des Motivs und des Bildausschnitts.
2. Herstellen eines kleinen Rahmens aus Tonpapier bzw. aus sonstigen „Rahmenvorlagen" mit Cutter und Schere für die individuelle „Motivausschnittsfindung". Der Rahmen kann drei-, vier- oder vieleckig sein.
3. Erproben des Rahmens, danach Aufkleben des Rahmens. Eventuell können auch erläuternde Kurztexte zur Begründung der Wahl des Bildausschnitts beigefügt werden.

**Variationen**

- In ein Bild können mehrere Rahmen fallen und sich auch stellenweise überschneiden.
- In den Rahmen kann ein völlig anderes (total gegensätzliches oder auch nur ein ähnliches) Motiv eingesetzt werden.
- Der Rahmen, der kleine Bildausschnitt oder das restliche Gesamtbild kann jeweils farbig überarbeitet werden (vgl. Farbe lasierendes /durchscheinendes Malen).
- Vergrößern eines Bildteils mit dem Kopiergerät, so dass z. B. die Größenverhältnisse innerhalb oder außerhalb des Rahmens nicht mehr stimmen.

# WERBEFOTOS OHNE WERBUNG

**Altersstufe**
Klasse 6 - 10

**Zielvorstellungen**

- Die Bildvielfalt eines Motivs erfahren
- Unterschiedliche Bildausschnitte erproben

**Material/Werkzeug**

1. Farbige- und Schwarz-Weiß-Werbefotos aus Illustrierten und Tageszeitungen. Eventuell Vergrößerungen auf mindestens DIN A4-Format.
2. Tonpapier im Postkartenformat oder etwas größer.
3. Bleistift, Lineal, Schere oder Cutter mit Pappunterlage.

**Zeitaufwand**

Eine Unterrichtsstunde.

**Arbeitsweise**

1. Betrachten von Werbefotos (im Original, als Plakate oder über Folie auf dem Overhead-Projektor) und vergleichen des Motivs, des Bildausschnitts und des Produktes.
2. Auswahl eines Bildausschnitts möglichst ohne Werbetext, diesen ausschneiden und auf das Tonpapier aufkleben .
3. Noch sichtbare Werbeteile innerhalb des gewünschten Bildausschnitts können durch andere Bildausschnitte überklebt werden.
4. Präsentieren und Analysieren der Bildauswahl und möglicher Produktverbindungen aus dem Erfahrungsbereich der Schüler. Für welches Produkt könnte das Bild werben? Liegt es sozusagen auf der Hand oder muss dabei lange überlegt werden?

# DAS GIBTS DOCH NICHT!

**Altersstufe**
Klasse 5 - 10

**Zielvorstellungen**

- Herstellen einer Bildmontage, bei der im Gegensatz zur Realität in eine unmögliche Bildsituation entsteht

**Material/Werkzeug**

1. Ein Illustrierten- oder Zeitungsbild mindestens im DIN A5-Format, weiteres Bildmaterial, auch eigene Fotos oder Bilder aus Prospekten und Katalogen.
2. Schere, Klebstoff.
3. Tonpapier DIN A4 als Bildträger.

**Zeitaufwand**

Eine Unterrichtsstunde sollte ausreichen. Schnelle Schüler schaffen mehrere Bildlösungen.

**Arbeitsweise**

1. Auswahl eines „Ausgangsbildes" bzw. mehrerer.
2. Überlegen und Erörtern einer unmöglichen Situationen, z. B.: Was kann aus einem Fenster herausschauen/heraussteigen und was nicht? Was kann am Himmel fliegen, was nicht? Was kann ein Mensch tragen, was nicht ?
3. Auswahl mindestens eines weiteren Bildteils, das möglichst präzise ausgeschnitten, probeweise angeordnet und dann aufgeklebt wird.
4. Aufkleben des Gesamtwerkes auf Tonpapier für die Ausstellung.
5. Vorstellen und Erörtern einiger Beispiele. Worauf beruht die unmögliche Situationsdarstellung? Wie wurde sie bildnerisch und-technisch gelöst?

# Anhang/Fotokopiervorlagen

Bei Vergrößerung um den Faktor 1.2 erhalten Sie das Motiv ohne Rahmen.

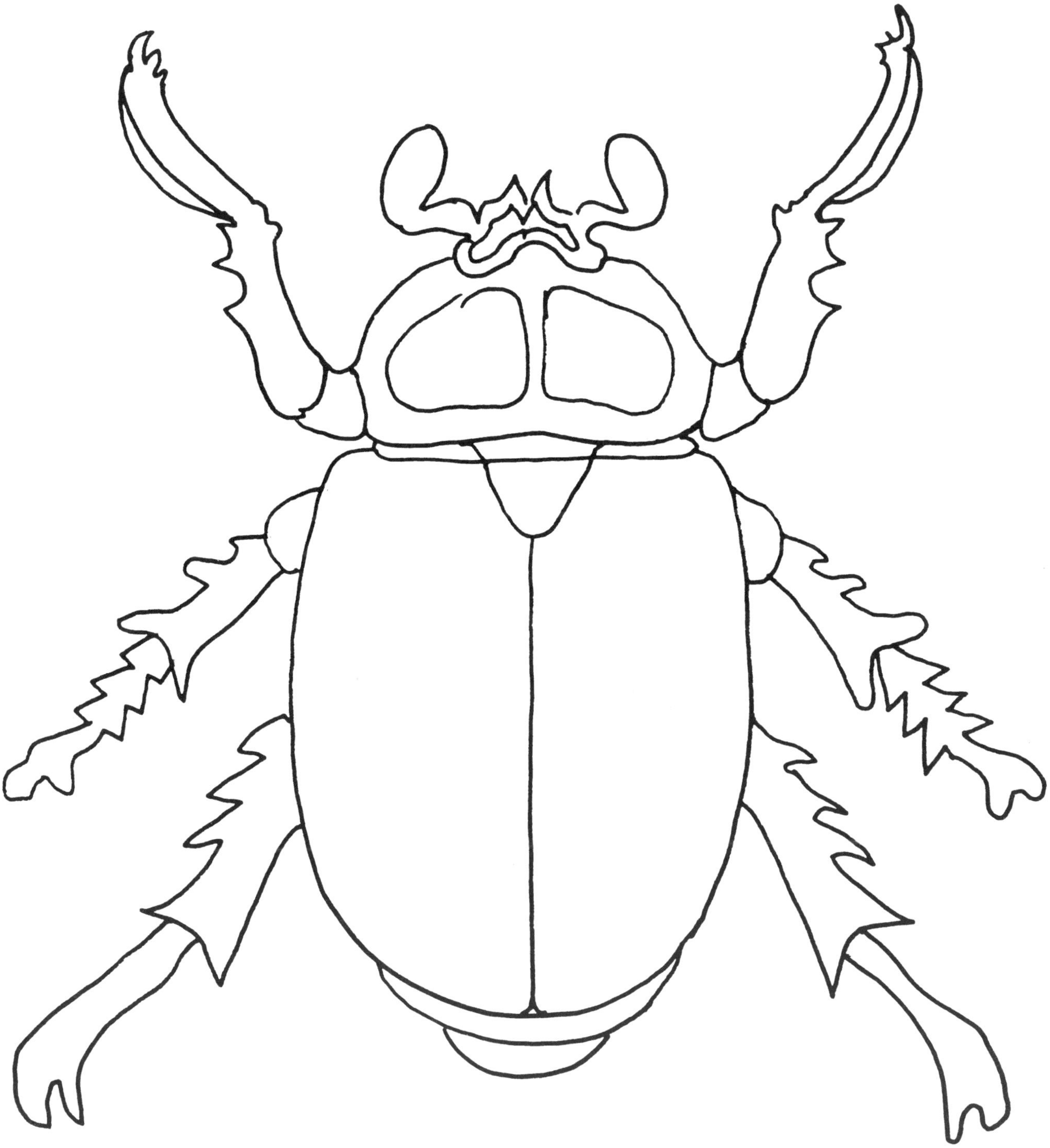

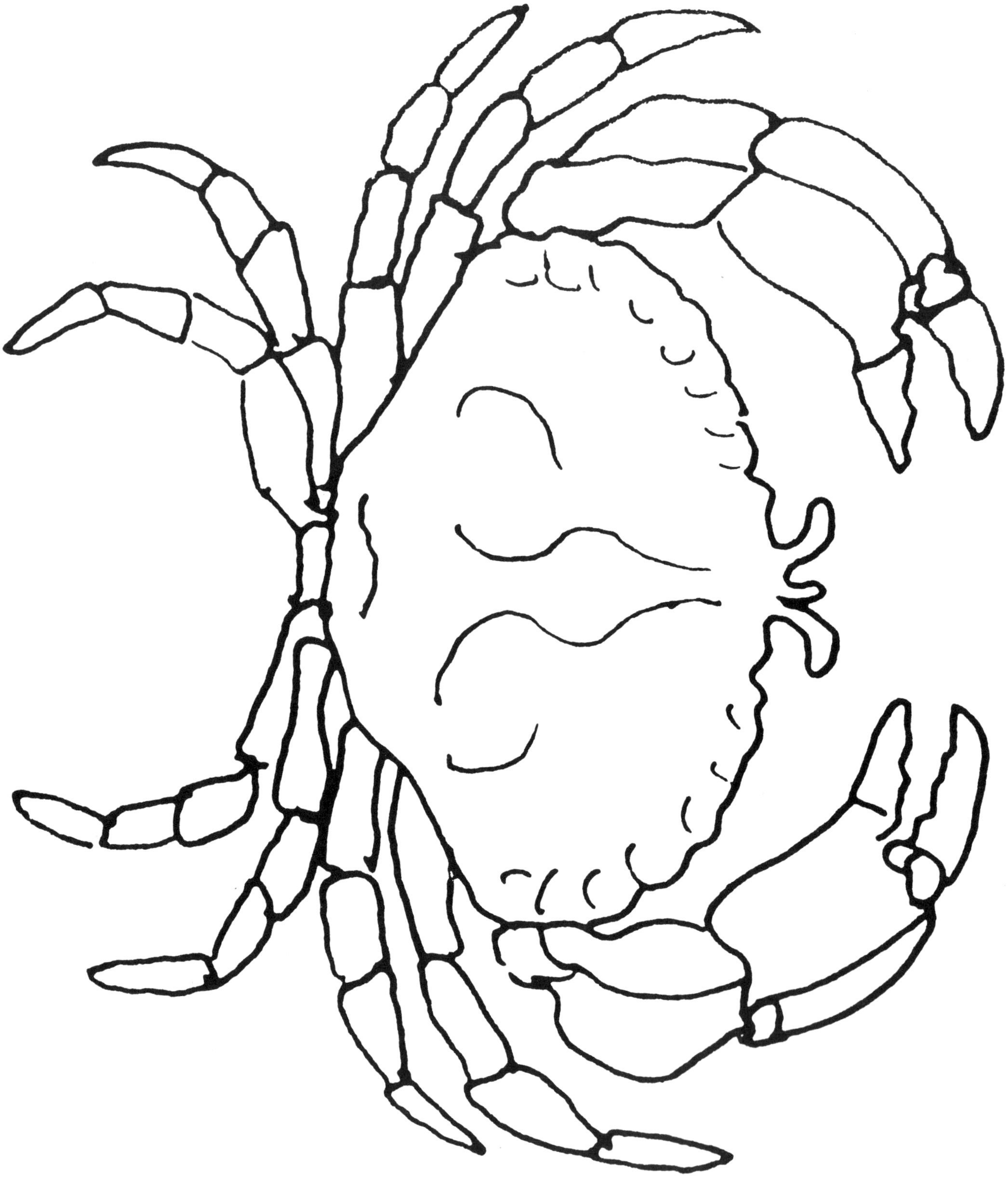

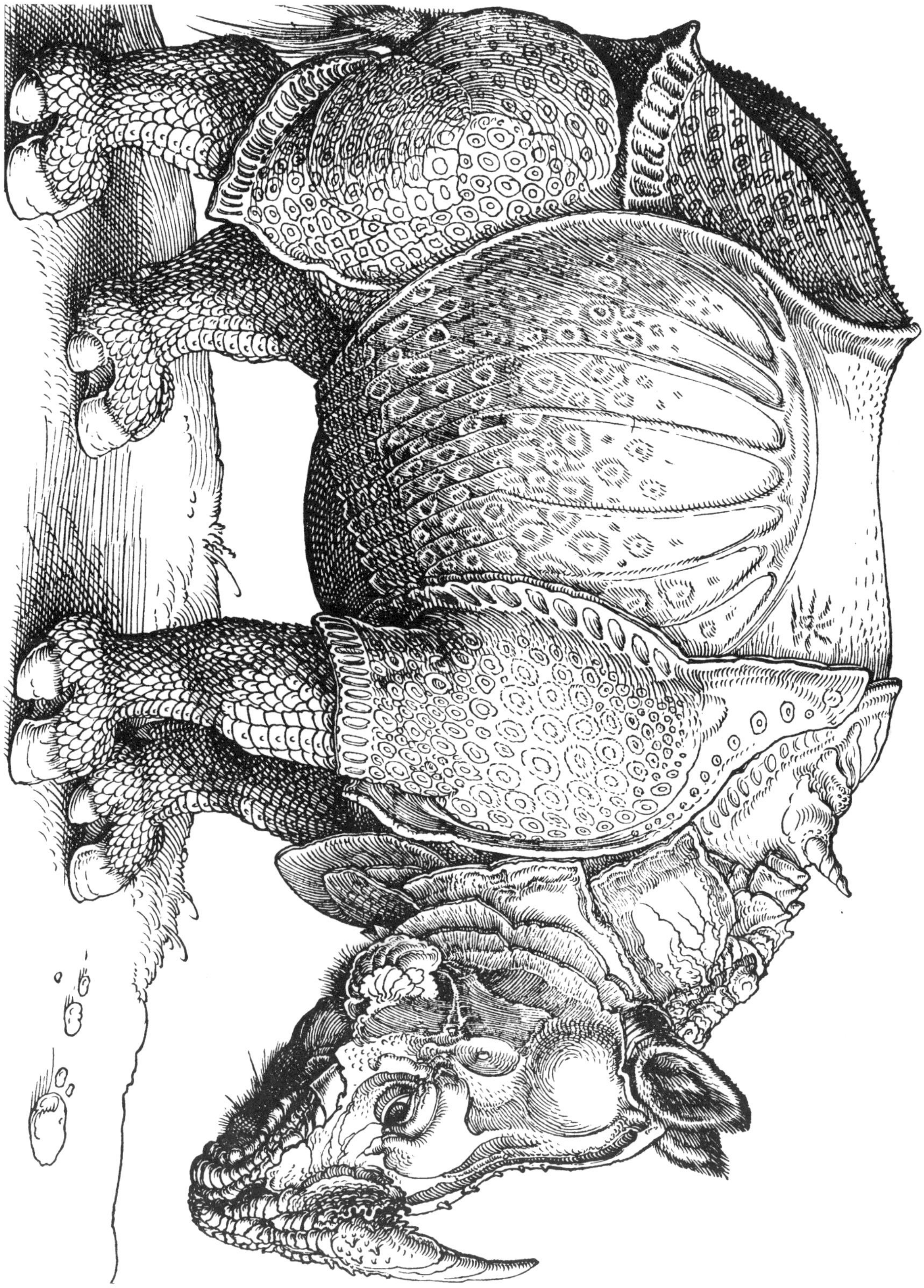

7

**Vollmond**

## Vollmond

# Unsere Klasse



**Altersstufe**
Klasse 5 - 6

**Schulische Ereignisse**
Tag der offenen Tür
Hoher Besuch
Weihnachtsfeier
Projekt
Bundesjugendspiele
Wintersporttag
Schulfest
Gottesdienst
Entlassfeier

**Klasseninternes**
Unere LehrerInnen
Ausflug
Klassenfest
Klassendisco
Klassenarbeit
Sportstunde
Klassenzimmer
Elternabend

**Porträts**
Mein Nachbar/
Meine Nachbrin
Unsere Gruppe
Unser/e Größte/r
Sportkanone
Model
Professor
Erstaunt
Ganz Cool

**Beziehungen**
Freundschaft
Verliebt?
Helfen
Trösten
Lob
Tadel
Gemeinsam arbeiten
Hilfestellung (Sport)

**Situationen**
Frau ... an der Tafel
Herr ... verzweifelt
Hausmeister schimpft
RektorIn tritt auf
Durcheinander
Alles palletti
Ertappt

**Gefühle**
Fröhlichkeit
Ausgelassenheit
Enttäuschung
Nachdenklichkeit
Spannung
Angst
Hoffnung
Jubel